専門知識0《ゼロ》の私に

デジタルマーケティングのこと、

教えてくれませんか？

はじめに

この本を手に取っていただいたということは、デジタルマーケティングに少なからず興味をもっていただいたのだと思います。ありがとうございます。

デジタルマーケティングはネット通販（Ｅコマース）を軸に発展してきた歴史があります。なので、世の中にあるデジタルマーケティングの書籍といえば、「売上を伸ばす為のリスティング広告の基礎」とか「売れるインターネット広告」といったＥコマースのビジネスを想定したものが多いなと個人的に感じています。

しかし、一口にデジタルマーケティングといっても対象となる業種はすでに多岐にわたりますし、ＳＮＳの活用との組み合わせも大切です。また、昨今では動画による広告も急速に伸長しています。

私は２０１３年に電通西日本広島支社から電通本社のダイレクトマーケティングビジネス局（現電通デジタルの前身の組織）に出向しました。その当時、東京ではすでにデジタルマーケティングにおいて分業と専門化が進んでいました。私が「力をつけた」のは〝出向してデジタルマーケティングの最前線に身を置いたから〟ではなく、むしろ広島に帰任後にありとあらゆる難題をクライアント企業の業種や目的に合わせて聖域なく取り組まざるを得なかった環境があったからです。デジタルマーケティング人材が豊富な東京と違い、地方はジャンルによって分業できる状況になかったため、さまざまな課題を一人で抱えてきました。だからこそ「力をつけることができた」と言っても過言ではありません。本書を書くにあたり、Ｅコマースに限定しない形でのデジタルマーケティングの包括的な内容になることを目指したいと思いました。そこで本書では、広告関連業務経験のない人物に対してありとあらゆることを解説するという設定にしました。ただでさえ横文字が多い領域ですが、さらに輪をかけて3文字アルファベット等の略称の多い世界。これでは、なかなか頭に入りません。私はこれまでもインターネット広告が初めてのクライアントへの説明には、極力専門用語や略称を使わないように注意を払ってきました。みなさんにも、わかりやすく、読みやすいものになっているとうれしいです。楽しみながら読んでいただけると幸いです。

本書執筆にあたり、ご協力いただきました方にこの場を借りて感謝を申し上げたいと思います。

山口ユウジ

『専門知識ゼロの私にデジタルマーケティングのこと、教えてくれませんか？』

第1章 デジタルマーケティングってなんですか？

第2章

デジタルマーケティングって、どんなことをするんですか？

第3章 SNSもマーケティングに役立つんですか？

第4章 インターネット広告はどう選べばいいんですか？

第5章 インフルエンサーってよく聞きますけど？

第6章 私に必要なスキルってなんですか？

本書に登場する人

教える人

山口ユウジ

デジタルマーケティング
イノベーションラボ　代表

株式会社オンワード樫山でマーチャンダイザーを経験後、2003年株式会社電通西日本に入社。大手移動体通信などの担当営業経験後、株式会社電通ダイレクトマーケティングビジネス局に出向、帰任後、デジタルマーケティング担当として、数々の案件を成功に導く。2019年4月に独立し、デジタルマーケティングイノベーションラボ株式会社を設立。インターネット広告の運用やCRM、SNSに関するコンサルティングを行う。現在、デジタルマーケティングの第一人者として、広島を拠点にしながらも東京や中国四国の多くの案件をサポート中。

教える人

南　大樹

レゴファ　代表

株式会社CCPR(サイバーエージェントグループ)にて企業のPRやSNSを活用したプロモーション、動画マーケティングに従事。国内外の化粧品メーカーや消費財メーカー等、多数のクライアントを担当。2018年より同社執行役員に就任し、経営マネジメントを経験。2020年4月に独立し、株式会社レゴファを設立。企業のマーケティング支援、タレントやインフルエンサーを活用したPR施策、D2C事業、コーポレートブランディング等、様々なクライアントのニーズに応じたソリューションを提案。

教えてもらう人

波野メイ

食品メーカーに就職し、経理を担当して3年。ようやく仕事に慣れてきたと思ったら、新商品の発売に合わせて突如、広報担当に。「ツイッターってバズるんでしょ?」という社内の期待を一身に背負いながら、何をすればいいのかわからないまま、右往左往している最中。

プロローグ

「波野さん、ツイッターやってるんだって？」

経理部長の問いに「はい？」と答えた翌日、広報宣伝部から私に「来月から宣伝の仕事を手伝ってくれないか」という連絡がきました。

私は、波野メイ。大学卒業後、あまり大きくない食品メーカーに入社して3年、ずっと経理部で仕事をしてきました。

そんな私に、広報宣伝のデジタル担当を任せたいというのです。

部長の話では、新商品の発売に合わせて通信販売も開始する予定で、ＳＮＳなどを使ってそのプロモーションをしてほしいとのことでした。

「ほら、ツイッターの、バズるってヤツ？　うちもできるといいよねー」

と、部長は目を輝かせていますが、投稿すれば誰でもバズるわけもなく、しかも私は経理担当で、どうやって商品のことを知ってもらえばいいか、全く知識もありません。

新商品を宣伝するってどうすればいいの？

とりあえず公式ツイッターを立ち上げて、つぶやいてみる？

バエる写真をインスタグラムにアップするとか？

そんなことで、本当にうちのお客様に買ってもらえるの？　マジで自信ないし……。ツイッターやインスタグラムを使ったことはありますが、友達やお気に入りのアーティストをフォローしている程度で、なんとなく使っていただけなのです。

それから数日、動揺を隠せない私を心配した先輩が、「知り合いが企業のネット広告とかのコンサルティングをしているらしいんだ。一度会ってみたら？」と声をかけてくれました。

そこで紹介してもらったのが、私の先生、デジタルマーケティングイノベーションラボ代表の山口ユウジさんです。

山口さんの会社では、さまざまな企業のインターネット広告やマーケティングのサポートを行っているそうで、今の私にとっては、まさに救世主。

広報宣伝部に異動するまで、あと半月ほど。それまでになんとか広告や販売促進のことを少しでも知っておきたい！

そんな思いで、急いで山口さんのアポイントを取り付けたのです。

初めまして。波野メイと言います。今度、宣伝担当になるんですけど、知識もないし、今は不安しかありません。

大丈夫ですよ。これから勉強していきましょう。

まず、商品をプロモーションしていくには、商品が売れるしくみを知っておくことが大切です。やみくもに広告しても、商品が売れるとは限らないですから。

わかりました！　で、何から勉強すればいいですか？

これからの時代、大事になってくるのが、デジタルマーケティングです。

デジタルマーケティング？　そういえば、広報や宣伝のことをネットで検索していた時に、そんな言葉が出てきました。

山口センセイ、**専門知識ゼロの私にデジタルマーケティングのこと、教えてくれませんか？**

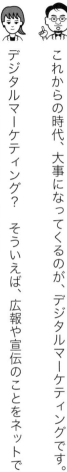

第1章

デジタル
マーケティングって
なんですか？

デジタルマーケティングとは？

早速ですが、デジタルマーケティングってなんですか？

文字通り、**デジタル技術を使ったマーケティング手法**のことです。

すみません……。デジタルもマーケティングもよくわからないんです。

そんなに難しく考えないでください。ほら、私たちの身近にもデジタル技術はいっぱいあるじゃないですか。パソコンやスマートフォンで見るインターネットサイトとかネット通販とか。波野さんも便利に使っていますよね？

はい！　もう、それがないと生活できないです。
　つまり、デジタルマーケティングって、いろいろなウェブサイトとか、ＳＮＳとかを活用したマーケティングってことなんですね。

そのほかにもメールやアプリなど、さまざまなデジタルメディアがありますが、こうしたメディアを介したお客様との接点を活かすわけです。

なんとなくデジタルのイメージはできました。

でも、今まで経理部だったので、マーケティングと言われてもピンとこなくて。

マーケティングをざっくりと説明すると、**どういった客にどういう手段で売っていくかを考える全般の活動を指す言葉です。商品やサービスの「売れるしくみづくり」というところですね。**

　例えば、新商品を売り出す場合なら、まず「こんな商品がある」ことを知ってもらい、次に「この商品、ちょっと気になるな」と感じてもらう。さらに、「この商品、欲しいな」「よし、買おう!」と、お店やネットで購入してもらう。こんなふうにお客様に行動してもらうには、商品を提供する側にも工夫が必要ですよね。

お客様に「え?　何?」と思わせるような情報を発信するとか?　私なら、今はプチプラのメイクの情報だと、ついチェックしちゃいます。

そう、**どういうお客様にどういう手段で商品を売っていくか。その戦略を考えていくことがマーケティング**です。

ピーター・ドラッカーは、ビジネスの基本を「顧客の創造」と言っています。マスメディアによる一方的な情報発信が主流の時代もありましたが、今のようにモノも情報も溢れている環境では、消費者の多様化も進み、特定のターゲットの関心、状態に合わせた発信が重要になっています。

なんだか、厄介な世の中ですね……。

もはやマーケティングはデジタルなしに語れない

私がマーケティングに興味をもったのは、かなり昔に「普段何気なく手に取っている商品には、誰かが仕掛けた何かがある」ということに気づいたからです。

言われてみれば、そうですよね！　そんなふうに考えたことはなかったです。

マーケティングが大事なことはわかりましたけど、なんでわざわざデジタルってつけるんですか？

世の中のしくみはどんどん変わっていて、今までのマーケティング手法で対応するのが難しくなっています。そこでデジタルを活用したマーケティング手法が必要になってきました。その代表的なものがスマートフォンを活用したマーケティングですね。その辺のことを、最初にお話ししておきましょうか。

では、ここで質問です。波野さんは、広告というとどんなものをイメージしますか？

テレビCMとか、雑誌、それにネット広告かな。自分が目にしているのは、ほとんどがスマートフォンに表示されるものばかりですけど。

そうですよね。今の世の中、誰もがインターネットを当たり前に使い、情報を得られるようになっていますからね。

考えてみれば、新聞や雑誌そのものを見なくなっちゃいました。もうネットで十分か

なって。

そういう傾向は、数字にも表れているんですよ（図表1）。
若い世代で新聞を読んでいる人は少ないですよね。

本当ですね。20代、30代とも11％台ですね。一方で、インターネットで情報を得ている人は、20代では40％もいるんですね。私くらいの年齢の人たちが、紙の新聞以外で情報を得ていることがよくわかります。で、新聞を読まなければ、新聞広告を見ることもないわけですよね。

はい、以前は広告といえばマスコミ4媒体（新聞・雑誌・テレビ・ラジオ）の広告を指すことが多かったですが、新聞離れが進むにつれて、企業の使う新聞広告費も減っています。
また、新聞の購読数が減れば、当然新聞の折り込みも減りますよね。

その代わり**インターネット広告の費用が年々増えている**わけですね（図表2）。

図表1　利用しているテキスト系ニュースサービスは？

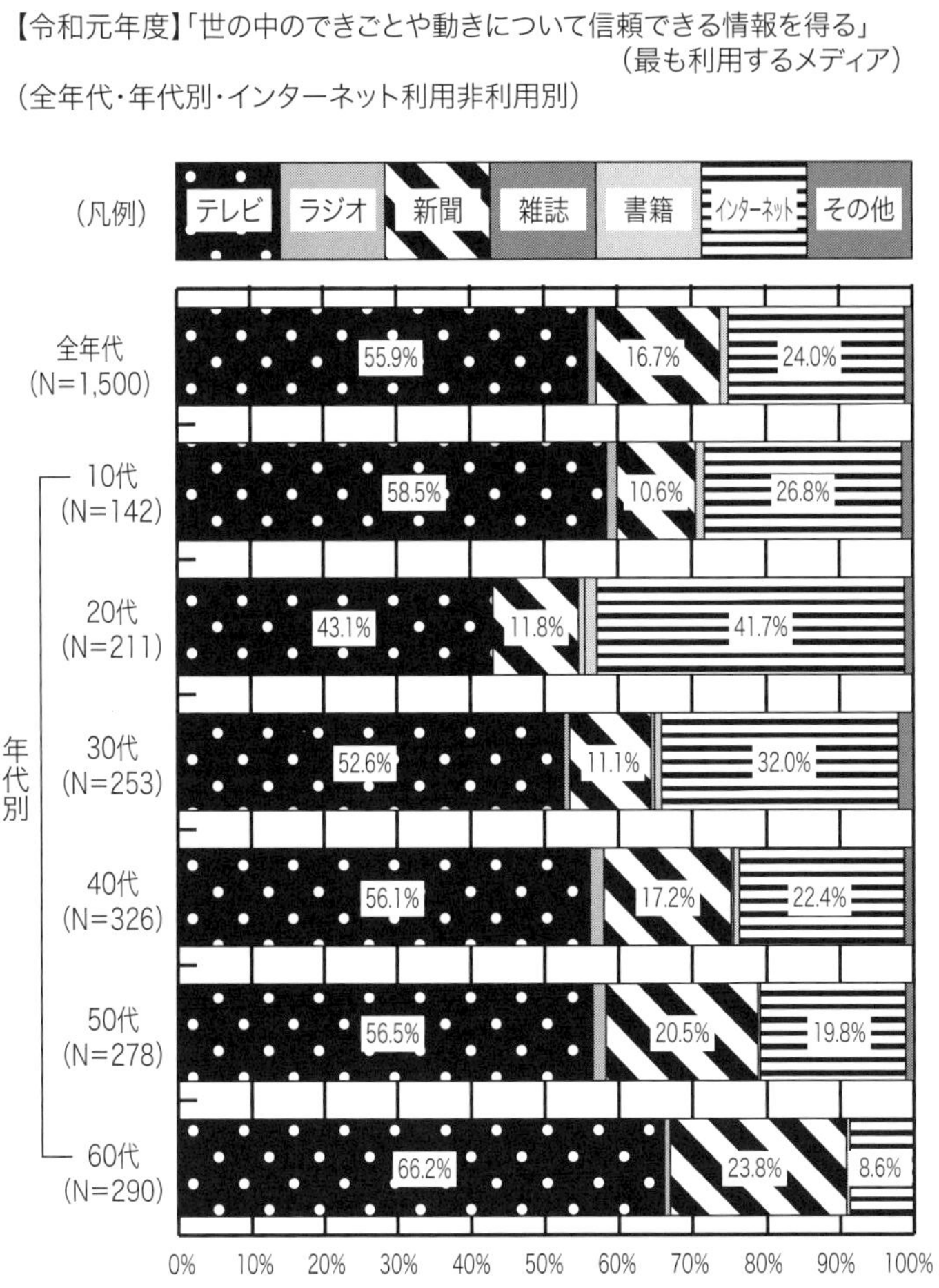

【出典】総務省情報通信政策研究所「令和元年度情報通信メディアの利用時間と情報行動に関する調査」を一部編集・加工して利用しています

図表２　テレビメディア広告費とインターネット広告費比較

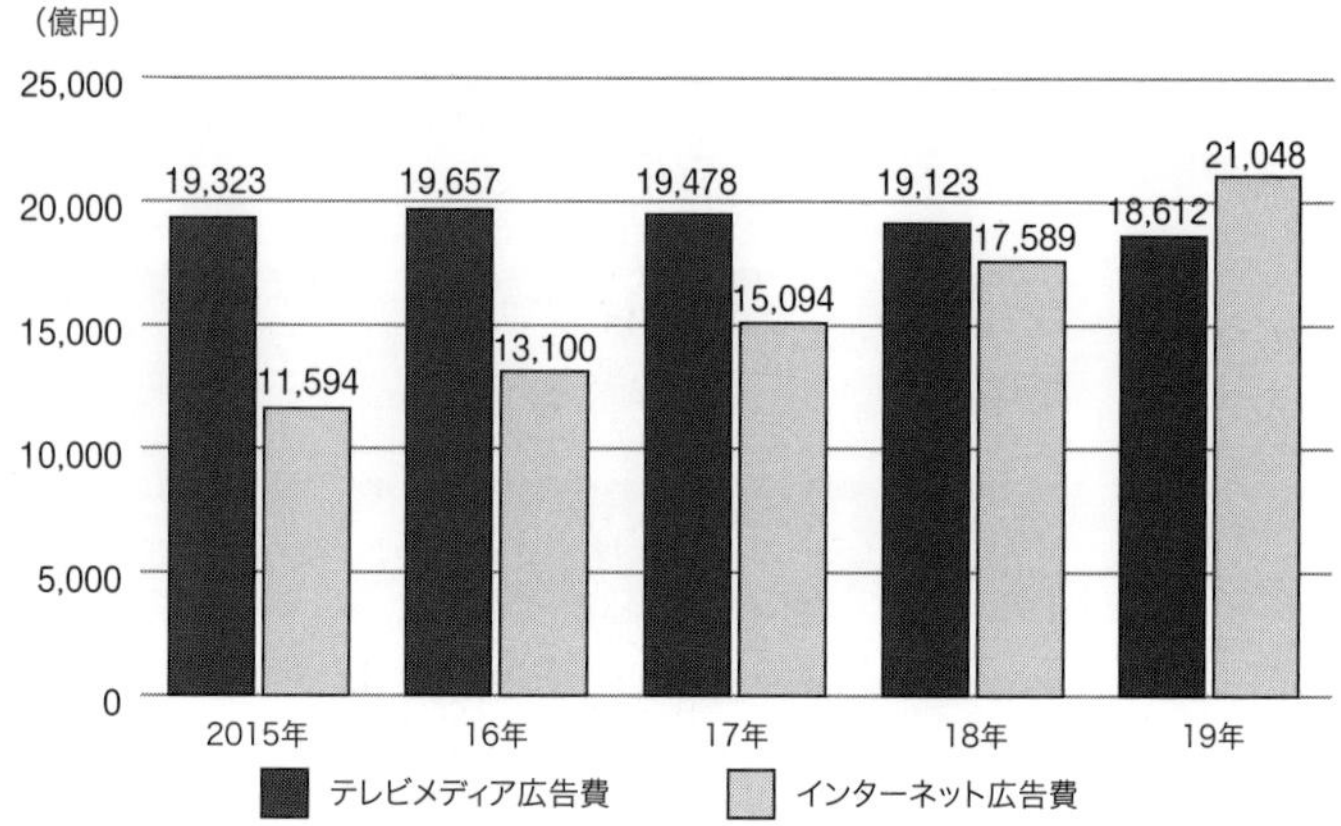

（注）2019年インターネット広告費には今回追加推定の「日本の広告費」における「物販系ECプラットフォーム広告費」1,064億円も含む

【出典】電通調べ「2019日本の広告費」

そういうこと。実は、もう10年以上前にインターネット広告は新聞広告を超えているんです。図表３でもう少し詳しく見ていきましょう。
　２０１９年の日本の総広告費は、６兆９３８１億円。広告費全体としては、実は８年連続のプラス成長を続けているんです。でも、マスコミ４媒体の構成比を見てみると、年々減っていますよね。
　一方、インターネット広告の構成比は、どうでしょうか。

毎年増えて、２０１９年には２兆円を超えています。えーっと、広告費全体の30％以上になっていますね。

図表３　媒体別広告費（2017年〜2019年）

媒体＼広告費	広告費（億円）			前年比（%）		構成比（%）		
	2017年	2018年	2019年	2018年	2019年	2017年	2018年	2019年
総広告費	63,907	65,300	69,381	102.2	106.2	100.0	100.0	100.0
マスコミ四媒体広告費	27,938	27,026	26,094	96.7	96.6	43.7	41.4	37.6
新聞	5,147	4,784	4,547	92.9	95.0	8.1	7.3	6.6
雑誌	2,023	1,841	1,675	91.0	91.0	3.2	2.8	2.4
ラジオ	1,290	1,278	1,260	99.1	98.6	2.0	2.0	1.8
テレビメディア	19,478	19,123	18,612	98.2	97.3	30.4	29.3	26.8
地上波テレビ	18,178	17,848	17,345	98.2	97.2	28.4	27.3	25.0
衛星メディア関連	1,300	1,275	1,267	98.1	99.4	2.0	2.0	1.8
インターネット広告費	15,094	17,589	21,048	116.5	119.7	23.6	26.9	30.3
マス四媒体由来のデジタル広告費		582	715		122.9		0.9	1.0
新聞デジタル		132	146		110.6		0.2	0.2
雑誌デジタル		337	405		120.2		0.5	0.6
ラジオデジタル		8	10		125.0		0.0	0.0
テレビメディアデジタル		105	154		146.7		0.2	0.2
テレビメディア関連動画広告		101	150		148.5		0.2	0.2
物流系ECプラットフォーム広告費			1,064					1.5
プロモーションメディア広告費	20,875	20,685	22,239	99.1	107.5	32.7	31.7	32.1
屋外	3,208	3,199	3,219	99.7	100.6	5.0	4.9	4.6
交通	2,002	2,025	2,062	101.1	101.8	3.1	3.1	3.0
折込	4,170	3,911	3,559	93.8	91.0	6.5	6.0	5.1
DM（ダイレクト・メール）	3,701	3,678	3,642	99.4	99.0	5.8	5.6	5.3
フリーペーパー・電話帳	2,430	2,287	2,110	94.1	92.3	3.9	3.5	3.1
POP	1,975	2,000	1,970	101.3	98.5	3.1	3.1	2.8
イベント・展示・映像ほか	3,389	3,585	5,677	105.8	158.4	5.3	5.5	8.2

（注）2019年の総広告費は、「日本の広告費」における「物流系ECプラットフォーム広告費」（1,064億円）と「イベント」（1,803億円）を追加推定した。前年同様の推定方法では、6兆6,514億円（前年比101.9%）となる

【出典】電通調べ「2019日本の広告費」

しかも、２０１９年はインターネット広告がテレビの広告を抜いていますよね。

本当ですね。テレビよりも多いなんて意外でした。それに、自分のことを棚に上げるようですけど、新聞や雑誌が売れなくなっていると思うと、ちょっと寂しいです。

広告市場の流れを変えたスマートフォン

この流れを変えたのは、スマートフォンでしょうね。２００８年にアイフォンの国内販売が始まったのが大きかったと思います。その前からスマートフォンは使われ始めていましたが、アイフォンの登場で一気にメジャー化しました。

そうかも！　うちの父もアイフォン発売がきっかけでスマートフォンにしていました。

スマートフォンが加速度的に浸透したことが、インターネット広告のシェアを押し上げました。これはとても大きな変化だったと思います。

図表4　2014年、スマホでのYahoo!閲覧数が過半数に

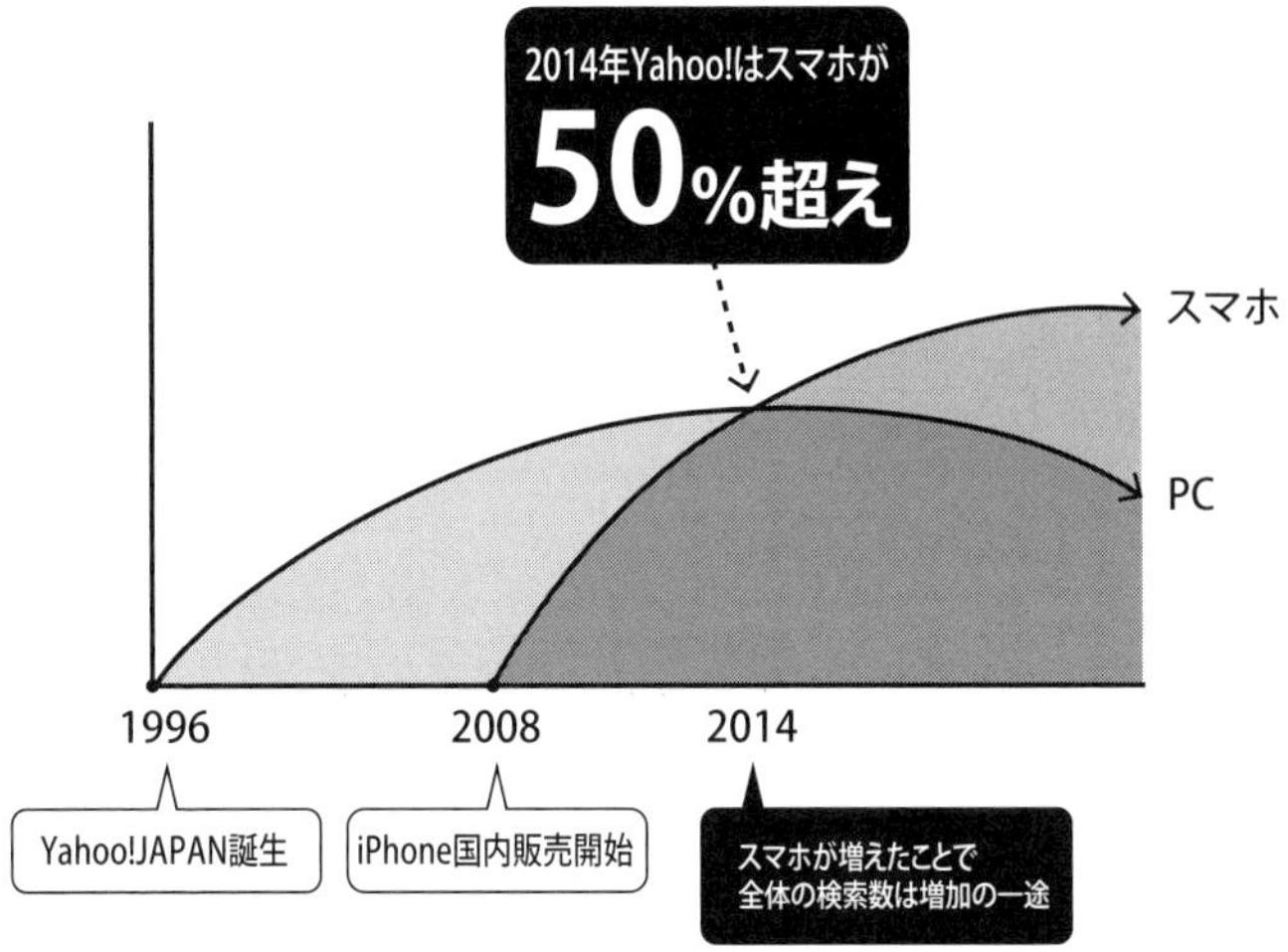

【出典】ヤフー株式会社からのヒアリングをもとに書いたイメージ図

変化というのは、どういうことですか？

それまでのインターネット広告というのは、パソコンで閲覧することを基本に作られていました。

それがスマートフォンの急速な普及で、インターネット広告もパソコン向けのものから、スマートフォンにも対応するものに変わっていきました。遂にヤフー閲覧数でも２０１４年にはパソコンの数字をスマートフォンが越えたんですね（図表４）

大逆転ですね！

そうですね。私はよく「過半数政党はスマートフォン」という言い方をします。ホームページ等のウェブサイトを作る時に、「何を一番大切にしないといけないか?」ということを印象付けるために使うんですが、大抵、みなさん納得されますよね。
それに、ヤフーの閲覧数が50%を超えたところから、全体の検索数自体が増え続けていますよね。パソコンの場合、インターネットを使える場所が限定されますし、利用する人も、時間も限られていました。それがスマートフォンになると、全くのフリーです。知りたい情報をいつでも、どこでもインターネットで検索できるようになったわけです。

私たちの世代は、当たり前のように使っていますが、当時からすると超便利になったんですね。

そうですよ！　そして、時間も場所も選ばずにインターネットが自由に使えるようになったということは、**企業としてもインターネットを介して、お客様が広告に触れるチャンスが増える**わけですよ。その結果、インターネット広告の市場が急速に膨れ上がったのです。

これからは、インターネット広告をうまく使うことが大事なんですね。

そうです。それに波野さん、もう一つ変化に気づきませんか？

スマートフォンの普及によってですか？　あ、もしかしてSNSとかですか？

その影響も大いにありますね。インターネット環境を誰もが使えるようになったことで、**一方的に情報を提供する・情報を得るというだけでなく、個人と個人、企業と個人のコミュニケーションが重視されるようになってきています。**

それ、わかります！　私も、自分でいいなと思った商品とか情報を友達にシェアしたりしますし、友達からもシェアされたりしています。

ほら、波野さんもデジタルメディアをいろいろ活用しているじゃないですか（笑）。

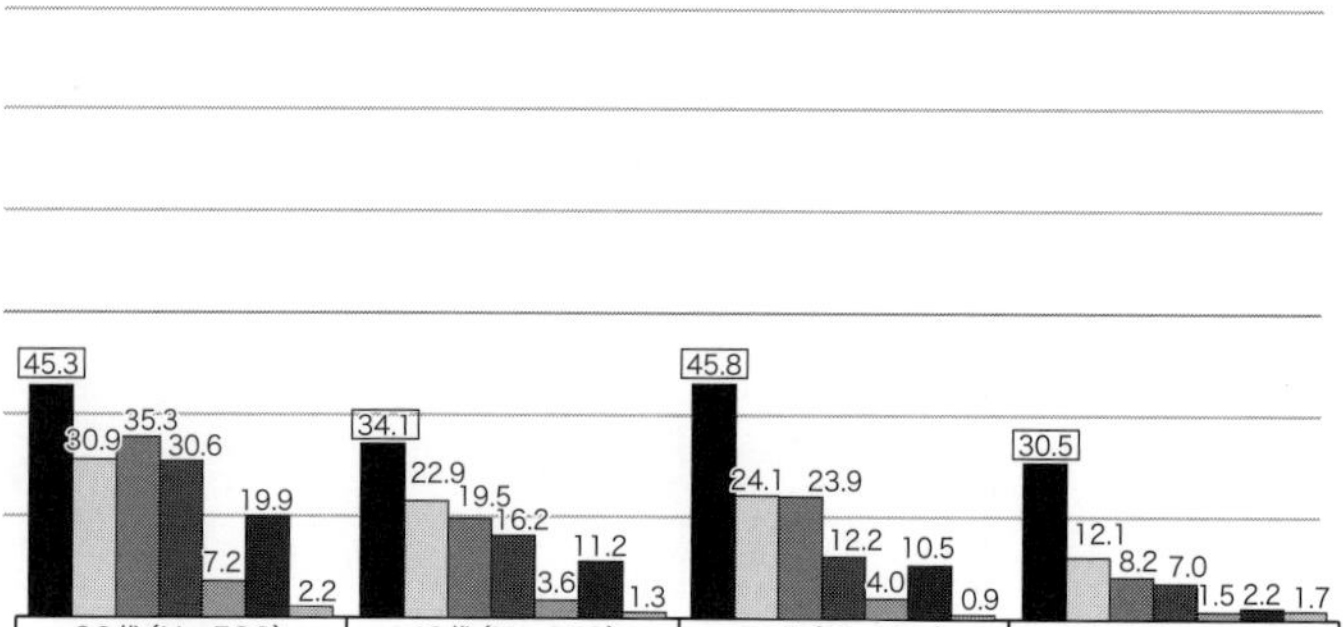

30代(N=506)	40代(N=652)	50代(N=556)	60代(N=580)
45.3	34.1	45.8	30.5
30.9	22.9	24.1	12.1
35.3	19.5	23.9	8.2
30.6	16.2	12.2	7.0
7.2	3.6	4.0	1.5
19.9	11.2	10.5	2.2
2.2	1.3	0.9	1.7

【出典】総務省情報通信政策研究所「令和元年度情報通信メディアの利用時間と情報行動に関する調査」を一部編集・加工して利用しています

信頼できる情報は、家族や友達から収集する

図表5は、私たちが「インターネットで何をしているか?」を調査したものです。

これを見ると、10代、20代は圧倒的にSNSを利用している時間が長いことがわかります。

へぇ。20代は70分以上も見たり書いたりしているんですね。

先ほど波野さんが友達にシェアすると言ったように、SNSで情報を得るようになっています。

図表5　インターネットで何をしているか？（項目別ネットの利用時間）

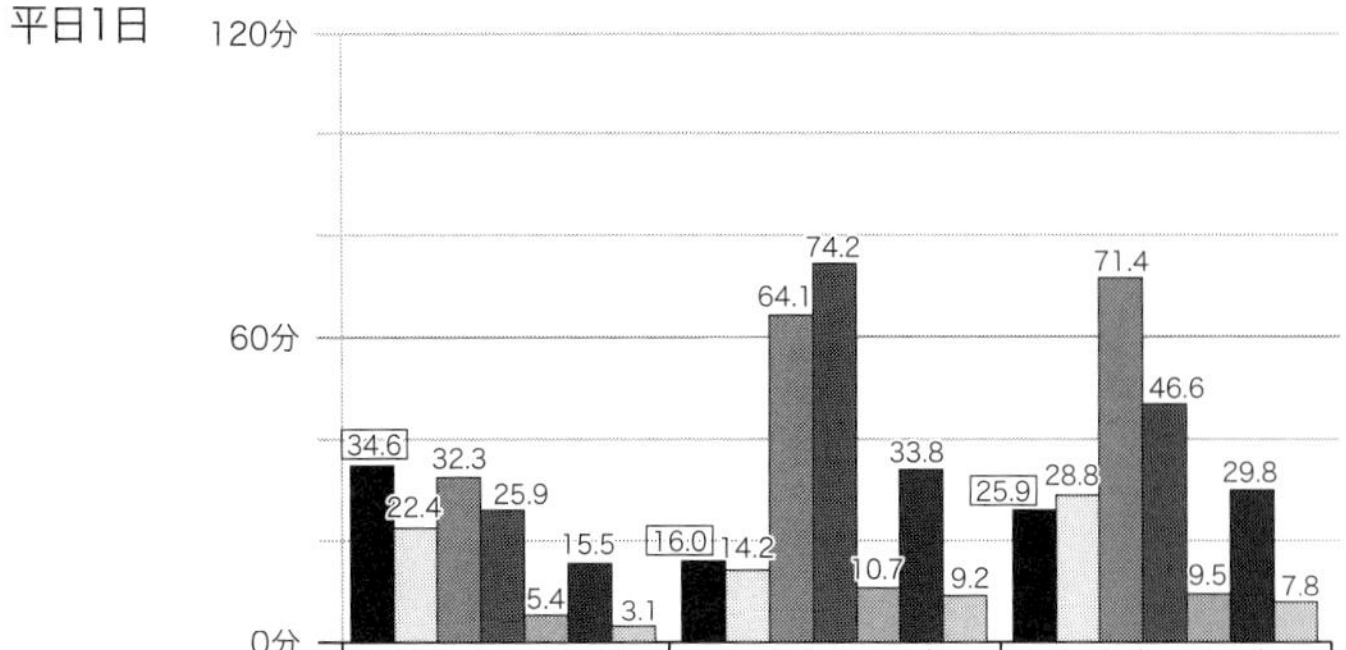

	全年代（N=3000）	10代（N=284）	20代（N=422）
■ メールを読む・書く	34.6	16.0	25.9
□ ブログやウェブサイトを見る・書く	22.4	14.2	28.8
■ ソーシャルメディアを見る・書く	32.3	64.1	71.4
■ 動画投稿・共有サービスを見る	25.9	74.2	46.6
■ VODを見る	5.4	10.7	9.5
■ オンラインゲーム・ソーシャルゲームをする	15.5	33.8	29.8
■ ネット通話を使う	3.1	9.2	7.8

［令和元年度］平日・休日ネット利用項目別利用時間（全年代・年代別）

はい。気になる商品も、ツイッターやインスタグラムでチェックしたりしますね。

あ、図表6を見ると、ラインを利用している人がすごく多いんですね。20代だと95％を超えています。

そうですよね。波野さんと同じように、家族や友達など、自分に近くて信頼のおける相手からの情報をもとに判断する人が増えているんです。

コミュニケーションが多様化していく中では、企業の思惑通り

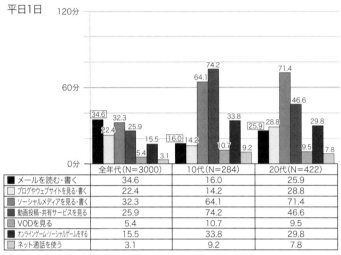

率（全世代・年代別）

40代（N=326）	50代（N=278）	60代（N=290）	男性（N=758）	女性（N=742）
89.3%	86.3%	67.9%	85.1%	88.8%
33.4%	28.1%	9.3%	41.8%	35.4%
35.9%	33.5%	12.1%	33.4%	32.1%
32.5%	30.9%	9.3%	31.9%	43.8%
4.0%	4.7%	2.1%	4.0%	4.2%
3.7%	1.1%	0.7%	2.5%	1.6%
3.7%	2.2%	1.7%	5.9%	2.4%
1.8%	0.7%	1.4%	3.0%	2.8%
5.5%	6.5%	2.8%	11.3%	13.6%
81.3%	75.2%	44.8%	79.7%	73.0%
12.3%	14.4%	5.5%	20.4%	14.3%

と情報行動に関する調査」を一部編集・加工して利用しています

にはなかなか運ばなくなっています。広告を考える上でも、この点を外すことはできなくなっていますね。

それだけに、私たち企業が情報発信をする時も、インターネット上でのお客様とのコミュニケーションをしっかり考えていかなければいけないんですね。

図表6【令和元年度】主なソーシャルメディア系サービス／アプリ等の利用

	全年代(N=1500)	10代(N=142)	20代(N=211)	30代(N=253)
LINE	86.9%	94.4%	95.7%	94.9%
Twitter	38.7%	69.0%	69.7%	47.8%
Facebook	32.7%	28.9%	39.3%	48.2%
Instagram	37.8%	63.4%	64.0%	48.6%
mixi	4.1%	1.4%	6.6%	5.1%
GREE	2.1%	1.4%	4.3%	1.2%
Mobage	4.2%	7.7%	8.1%	4.7%
Snapchat	2.9%	12.7%	2.8%	3.2%
TikTok	12.5%	47.9%	20.4%	12.6%
YouTube	76.4%	93.7%	91.5%	85.4%
ニコニコ動画	17.4%	30.3%	33.2%	20.6%

【出典】総務省情報通信政策研究所「令和元年度情報通信メディアの利用時間

取捨選択をして、戦略を考えることが大事

お話をうかがって、「スマートフォンで何を発信するのか」が大事なことがわかりました。とはいえ、何を選べばいいのか迷いますね。山口さん、何がいいんですか？

インターネット広告にどんなものがあるかは、この後で詳しくご紹介していきますが、「このメディアでいこう！」という決め打ちをするのはオススメしていません。

確かに、インターネットやSNSを利用している人は多いですが、生活者の中にはマスコミ4媒体に親しみを感じている人もいます。つまり、1人の人がいくつのもメディア

を横断的に利用しているわけです。

確かに、私もお気に入りのテレビドラマは欠かさず見ていますね。父もスポーツ新聞を買ってきたりするし……。

まずは、商品を買っていただきたいお客様がどのように情報に接しているかをきちんと精査した上で、**複数のメディアを効率的に組み合わせて広告戦略を作っていくことが大切だと思います。**

一人ひとりのお客様に、どうやって「この商品を買おう」と思っていただくか、そのしくみを考えていくのがちょっと楽しくなってきました。デジタルマーケティング、さらに学ばせていただきます。

第2章 デジタルマーケティングって、どんなことをするんですか？

デジタルのいいところって？

デジタルマーケティングについて、スマートフォンを例に考えてみましょう。
　波野さん、スマートフォンのいいところってなんだと思います？　いつもスマートフォンで何をしているか思い出してみてください。

そうですね……。スマートフォンでは家族や友達とラインしたり、ツイッターやインスタグラムを見たり、気になるお店とかを検索したり……。よく使うのは、そんな感じですかね。とにかく、いつでも、どこでも、気が向いた時に何かで使えるのが便利ですよね。

そう、スマートフォンが普及する前は、こんなに便利にインターネットにつながることはできませんでした。
　今では1日に何度もスマートフォンを触るのは当たり前で、さまざまなウェブサイトにアクセスしたり、ＳＮＳを見たりしますよね。ある調査によると1日平均１５０回スマートフォンに触るというものもあります。

スマートフォンのおかげで私たちがデジタルに接触する機会は確実に増えてますよね。

はい。その他にも、メールやブログ、あるいは動画コンテンツなどもデジタル上での接点と言えます。

こうした生活者と情報との接点を、マーケティング用語では「コンタクトポイント」と言います。

実際の行動をイメージして考えていきましょう。

波野さんが旅行に行きたくなったとして、最初にどんな行動をしますか？

行きたいところが決まっている場合はグーグルで検索することもありますけど、友達から教わったやりかたで、インスタグラムで「#絶景」とか「#旅行」とかで検索すると綺麗な場所がどんどん出てきて、今まで知らなかった場所を見つけるのが楽しいのですが、そういうことであってます？

そういうことです。今の波野さんの行動を、一つの図にしてみましょうか。

図表7は**「カスタマージャーニーマップ」**と呼ばれているものです。

図表7　カスタマージャーニーマップ

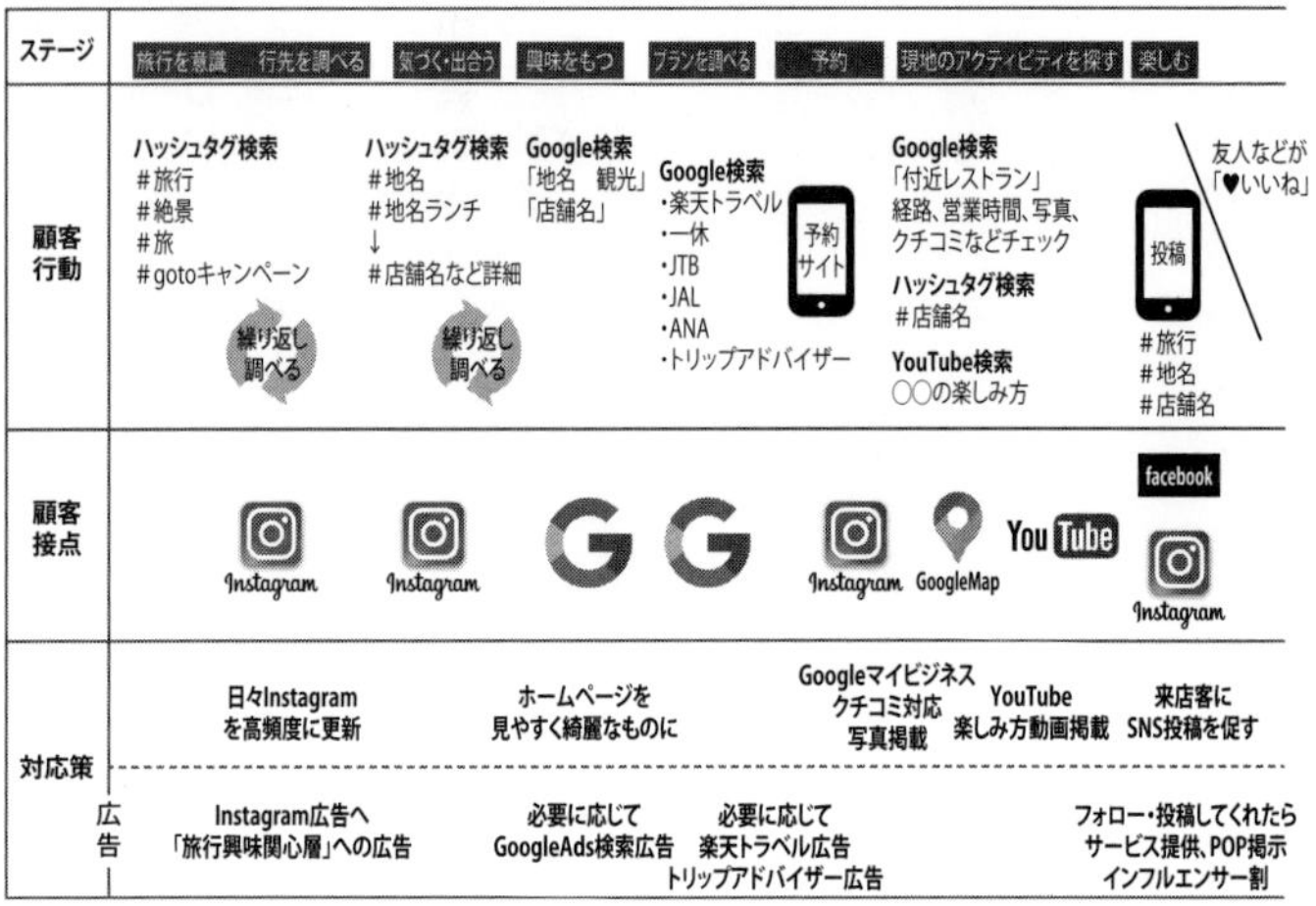

私の行動、こうして見るとわかりやすいですね。確かに最初はいつも「どこに行こうかな」とか「どんなグルメがあるのかな」ってインスタグラムでいろいろ調べて、そのあとで「それって、どこにあるんだろう」「どうやって行くのかな」とグーグルも使って、「どうやって楽しもう」とユーチューブの動画を見るとか、やっています。

　いろいろなタイミングで、いろいろな情報にアクセスしているんだなぁ。

それぞれのコンタクトポイントで、どんな情報がわかるとお店に興味を持ってもらえるのか、整理して考えること

ができますよね。

つまり、自分たちが広告宣伝を考える時には、お客様の行動とタイミングが合うように伝える工夫が必要ということですね！

その通りです。
是非、カスタマージャーニーマップをご自身の担当されている商品に置き換えて考えてみてください。

マーケティングで大切なのは、「新規開拓」と「顧客継続」の視点

ところで食品メーカーにお勤めの波野さんに質問です。

ええ、私に質問!?　なんですか？

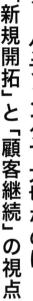

よく、食品メーカーさんはキャンペーンでスーパーでの試食販売をしているじゃないですか！　あれはなんでやっているのですか？

食品なので、新商品などは、まず一度食べていただかないと良さが伝わらないからやっているんじゃないでしょうか。私も新入社員の時には何度も売場に立ちましたけど、私が入社する前から当たり前のようにやっていることなので、不思議に思ったこともありませんでした。

そうですよね、食品などは特に、ちょっと試してみてから買うか買わないかを決めたいですよね。わかります。

　では、インターネット通販で食品を売ることは無理ですか？

あーーー。どうなんでしょう。インターネットではさすがに試食は無理ですけど……。

でも私、インターネットで食品を買ったことあるな～。

スーパーでの試食販売などは「体験型マーケティング」といって実際にお客様に体験し

てもらって良さを伝える方法です。

でも、インターネット通販の場合それはできませんよね。そこで、食品の中でも健康食品の通販などは「お試し無料」とか「無料モニター募集」「初めての方限定初回半額」などの方法で、まずお客様に体験してもらう方法をとっているところが多いと思います。

そういう通販サイトを見たことはないですか？

なんか、よく見る気がします。

では、無料モニターを一生懸命集めたとして、企業は儲かるのでしょうか？

そこが、不思議だったんです。大赤字だと思います。

そうですよね。きっと大赤字だと思います。でもやっています。図表8を使ってもう少し詳しく見ていきましょう。

この図表、「**マーケティングファネル**」っていうんですけど、一般的なお客様の購買決定のプロセスを視覚化したものなんです。

こうやってお客様の気持ちを整理してみるとわかりやすいですね。

なにか気づきませんか？

この図からですか？　一番上の「認知／興味」が大きくて「購買」に向かって小さくなっています。それで、「継続購買」からまた徐々に大きくなっていますよね。これはお客様の数をイメージしているんじゃないですか。

そうです。最初に商品を知ってもらって、そのうちの何人かが関心を持ってくれて、そのまた何人かが実際に購入してくれて……と、人数が絞られていきますよね。

でも、商品のファンになってリピートしてくれれば、顧客の全体数は増えていきます。

本当ですね！　継続して購入してくれる人が増えるほど、どんどん裾野が広がっていくわけですね。

図表8　マーケティングファネル

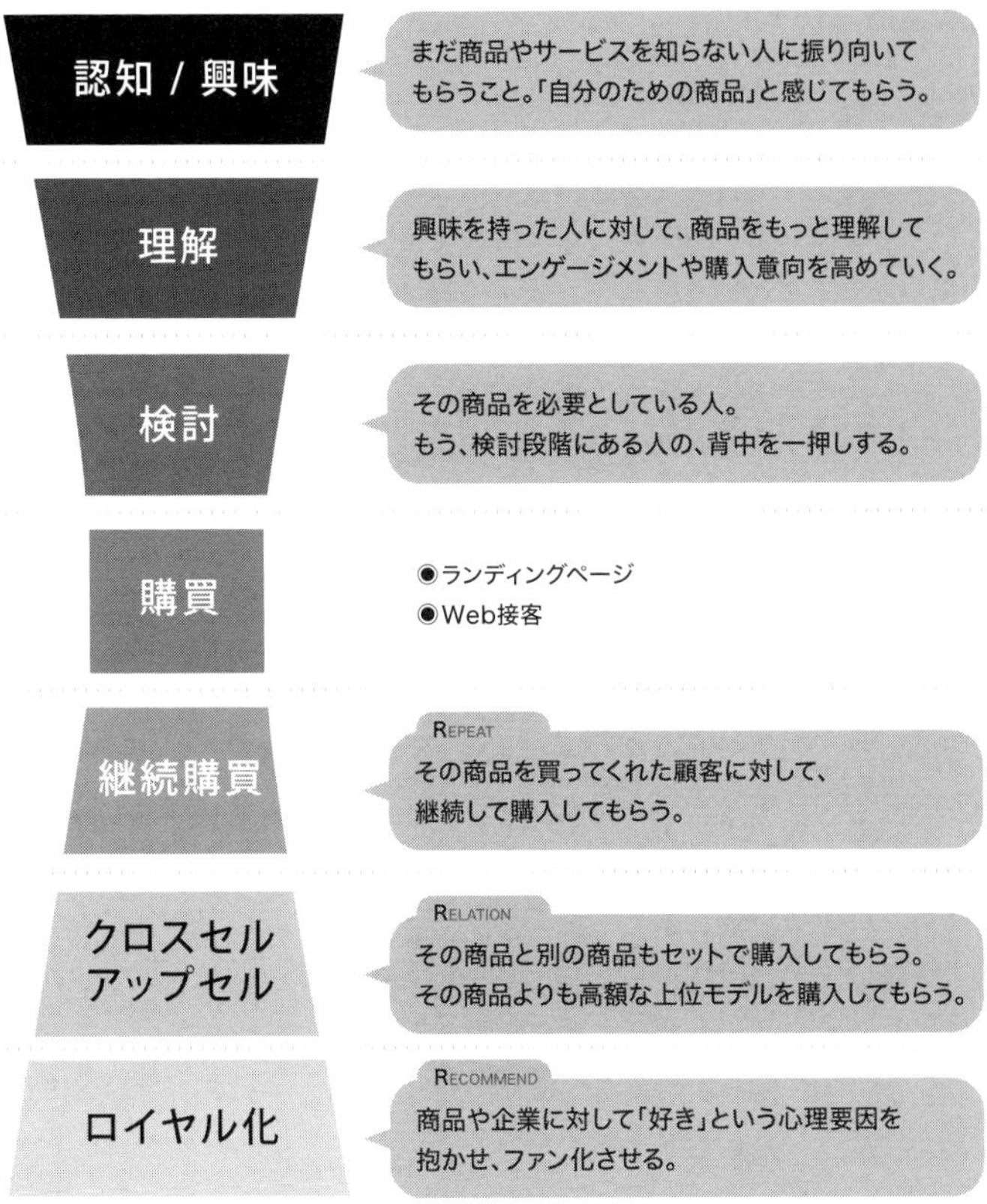

認知 / 興味
まだ商品やサービスを知らない人に振り向いてもらうこと。「自分のための商品」と感じてもらう。
理解
興味を持った人に対して、商品をもっと理解してもらい、エンゲージメントや購入意向を高めていく。
検討
その商品を必要としている人。もう、検討段階にある人の、背中を一押しする。
購買
◉ランディングページ
◉Web接客
継続購買
REPEAT
その商品を買ってくれた顧客に対して、継続して購入してもらう。
クロスセル アップセル
RELATION
その商品と別の商品もセットで購入してもらう。その商品よりも高額な上位モデルを購入してもらう。
ロイヤル化
RECOMMEND
商品や企業に対して「好き」という心理要因を抱かせ、ファン化させる。

ダダ漏れのバケツではビジネスは成功しない

はい。ビジネスというと、とにかく新しいお客様をどう集めるかに目がいきがちですが、実際は既存のお客様の売上が全体の7、8割を占めているものなのです（図表9）。

　ということは、一度購入したお客様がそのまま二度、三度と同じ商品を買ってくれるとか、頻繁に買い物をしてくれるほうがビジネスとしては成長が期待できますよね。

はい。そのほうが商品を販売する側にとってはありがたいです。

つまり、「新規のお客様をどんどん集める」だけで「継続してもらうための施策」がないというのは、**穴の開いたバケツに水を注いでいるのと同じ状況**なんです（図表10）。ダダ漏れ状態では、水はいつまでたってもたまりませんよね？

うーん。せっかく集めたお客様が、バケツの穴からどんどん流れ出てしまうって、なんだか怖いですね。

図表9　売上構成のイメージ

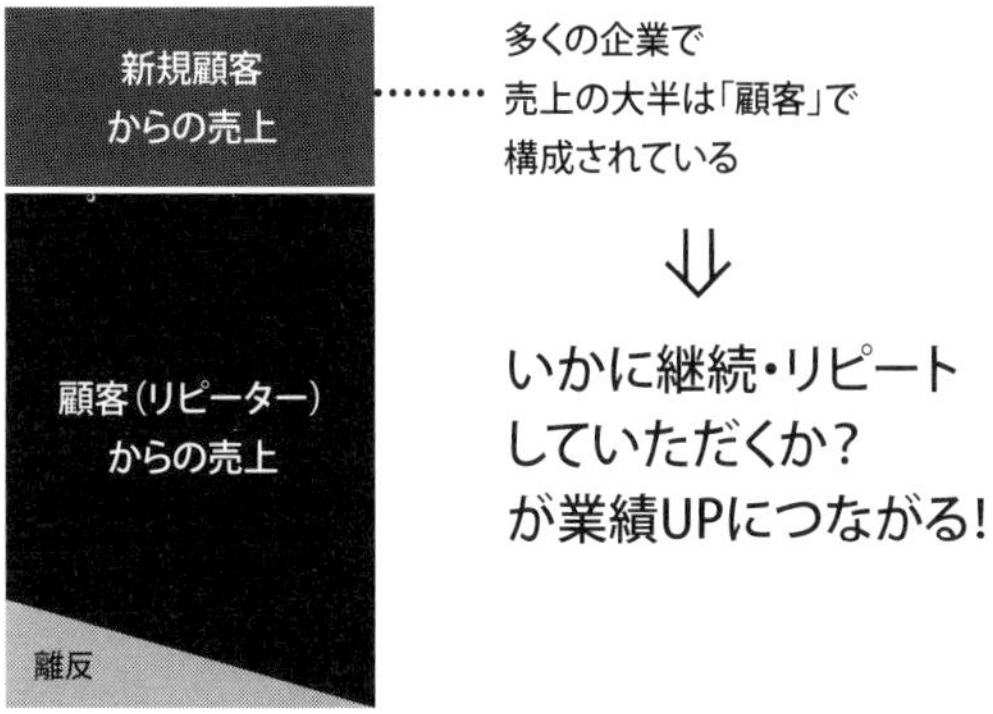
新規顧客
からの売上
顧客（リピーター）
からの売上
離反
多くの企業で
売上の大半は「顧客」で
構成されている
⇓
いかに継続・リピート
していただくか？
が業績UPにつながる！

図表10　なぜ、継続してもらう施策が大切なのか？

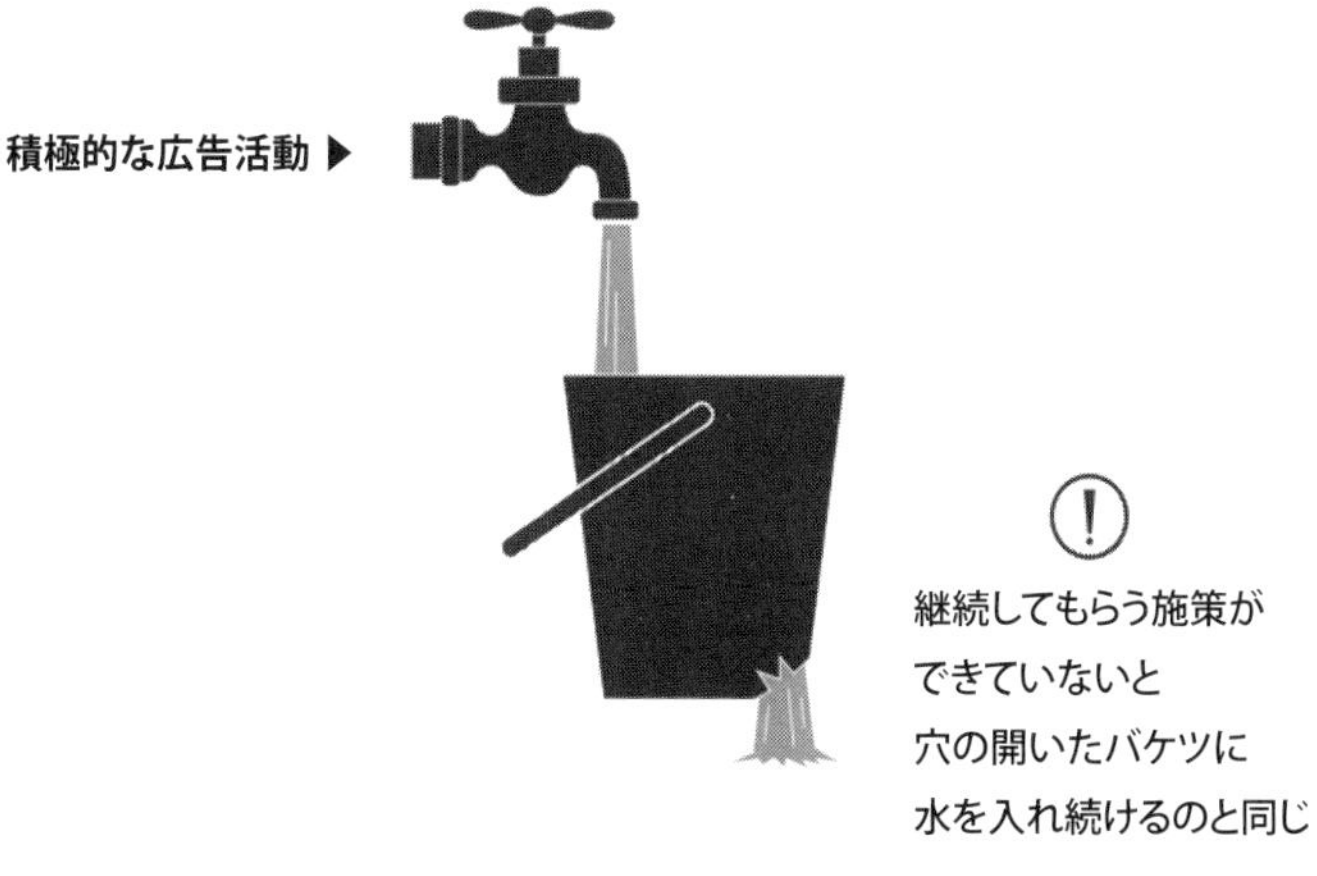
積極的な広告活動 ▶
!
継続してもらう施策が
できていないと
穴の開いたバケツに
水を入れ続けるのと同じ

そうですよね。でも、実際に継続する対策をないがしろにしている会社は多いんですよ。すごい広告費をかけてお客様を集めたのに、「売上が上がらない」「投資対効果が合わない」とアドバイスを求められることもよくあります。

個人的な意見ではありますが、特に食品は、デジタルマーケティングで短期に成果を出すことが難しいジャンルです。それは商品単価が低く、売場がリアルであるため、全てをデジタルで計測できないこと、それに食品メーカーは、流通構造としてこれまで直接消費者と接点をもってこなかったために顧客基盤を持っていないからです。

そうなんですねー。山口さんのお話を聞かなかったら、継続してもらうことに気づけなかったかもしれないです。「どうやって商品を知ってもらおうかな」ということばかり考えていて、そのあとのことまで気持ちが回っていませんでした。

もちろん、商品を広告宣伝することも必要ですよ。ただ、広告というのは、新規のお客様にアプローチして、「こんな商品があるんだ」とまずは知ってもらう・興味をもってもらうことを主な目的として整理したほうが良くて、すでに商品のことを知っている、使ったことのあるお客様に同じ情報を提供しても、「それ、知ってるし、持ってるし」となっ

てしまいます。

既存のお客様に対しては別の方法を考えたほうが良いですし、そのための施策は可能な限り広告宣伝費用よりも安くコミュニケーションできる方法を考えたいですよね。

広告は「新規開拓」に目的をはっきりさせて、それと並行して「お客様を逃さない、長くお付き合いする」ための施策を打つことが、バケツの穴をふさぐことになるんですね。

お客様を増やし続けるために

では、図表8（P41）の「マーケティングファネル」のように、お客様を逃さず、増やしていくためにはどうすればいいと思いますか？

私たちの会社や商品を好きになってもらう。これ、すごく大事だと思います。
でも、具体的にはどんなことができるのかな……。

私たちの身近でもよくありますよ。

例えば、行きつけの美容院とか、歯医者さんとか。そういうところから定期的にハガキが届いたりしていませんか？

あ、ありますね。美容院からは「その後いかがですか？」とか、お誕生日の月にはバースデー割引のハガキがきますし、歯医者さんからも、「そろそろ定期検診の時期です」とか、ハガキがきます。

他にも、記念日にクーポンが届く、友達を紹介してくれると割引になるといった特典や、季節の挨拶やセールの案内などの情報が送られてくるとか。

また、そういったＤＭのなかに「波野さん、寒くなってきましたが、お体ご自愛ください」とか、そういう一言コメントみたいなものがあると、「私たちは、お客様のことを常に気にかけています」というメッセージになりますよね。

そうですよね。「あ、ちゃんと考えてくれているんだな、大事にされているな」と感じると思います。

デジタルでもメールやライン、アプリを活用して同様のことが行われていますよね。

はい。私もお店からのメッセージを受け取ることがあります。こういった施策をしているからお客様との関係が継続するわけか。そのベースがあるから通販で「お試し無料」で広告しても、最終的に企業が利益をあげることができているんですね。

そうだと思います。これからのビジネスは、メールやライン、場合によってはアプリでお客様との関係を築いていかなければ膨らんでいかないでしょうね。

　商品を広告宣伝するだけでなく、新規獲得したお客様と連絡をとってつながること。より良い関係性を築こうという心構えなしにビジネスを進めると、穴の開いたバケツ施策になってしまうんです。これは、手段がデジタルになっただけで、根本的な「顧客を大切にする」という考え方は大昔からあるものだと思います。

しっかりお客様と関係性を築いていくことが大事なんですね。

この**既存のお客様を大事にする取り組みのことを、カスタマー・リレーションシップ・**

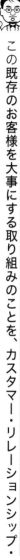

マネジメント（顧客関係管理）、略してCRMと言います。マーケティングではよく出てくる言葉ですから、覚えておいてくださいね。

CRMですね。もう少し詳しく教えていただけませんか？

広告は新規開拓で大胆に行い、顧客化は緻密にローコストに行う

通販でお馴染みなのが、「初回お試し」ですよね。

例えば、「実際の商品価格は3000円ですが、初回は1000円のお試し価格で購入いただけます」といったフレーズを聞いたことはないでしょうか。

こうした商品を、**「入口商品」**と言うのですが、まずお客様が購入しやすい商品を紹介して、次回につなげていくわけです。

お手頃価格だと、試してみようかなと思います。それで実際の商品に納得すれば、次は普通の価格でも買おうかなとなりますね。

販売する側としては定価で購入してくれる、できれば定期的に購入してくれるのがいいわけですよね。商品に満足度があり、お客様との関係性が良ければ、この部分を膨らませていくことができるわけです。

好きになってもらうわけですね。

はい。では、このプロセスの中で一番大切なタイミングはいつだと思いますか？

えっ！　いつだろう？

それは2回目購入のタイミングです。「フリークエンシー（接触頻度）の2回目ということで「F2」とも言います。

一般的に1回目と2回目の間隔が短ければ短いほど、将来有望な顧客になり得るとも言われています。

確かに、一度買い物をしたネットショップで、しばらく買い物をしなかったらパスワードがわからなくなって、買うのをやめたことがあります。

そういうこともありますよね。1回だけ買ってもらっても企業は広告費や商品代など大赤字です。

もう一度買おうと思ってもらわないと、厳しいですね……。

そして2回目がないと3回目もないのです。逆にすぐに2回目の購入があるとチャンスは拡大します。例えば、街のラーメン屋さんや居酒屋さんでも「次回使えるトッピング無料券」をくれることがありますね。

そういうのをもらうと、もう1回行こうかなと思います。それに、ちょっとお店のことも好きになりますね。

関係性がうまくいっていると、その商品以外のものの購入にもつなげていくことができ

ます。

マーケティング用語でよく使われる言葉としては、「アップセル」と「クロスセル」の二つがあります。

「アップセル」と「クロスセル」ですか。

「アップセル」は何かを買ってくれた人の単価をよりアップさせる、引き上げる作戦です。お試し＝サンプルから、定価の商品＝本品を買っていただけるようにするなどは、この「アップセル」です。

「クロスセル」というのは、どんな手法ですか？

「クロスセル」は、今購入している商品以外に「そっちの商品も買ってみようかな」と、いろいろなものを買ってもらって単価を引き上げるというものです。
例えば、ヤマダデンキでアプリ会員証をもっていると、メールマガジンで「お米」とか「鍋」のお買い得情報が流れてくることもありますよ。

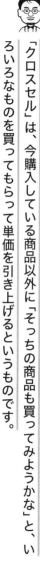

えー！　ヤマダデンキで、ですか！
でも、なるほど〜。お客様がプラスで購入してくれるほど、売上アップにつながりますね。

まず入口商品を広告宣伝して商品を知ってもらい、新規のお客様を増やしていく。そして、購入してくれたお客様に対しては、ＣＲＭで主力商品の継続購入や別の商品の追加購入につなげていく。このようにしてお客様一人ひとりからの売上を最大化することが大切ですね。

　ネット通販を例にお話ししましたが、これは通販に限った話ではないと思います。根本的な考え方は、どのような商品カテゴリーでも販売方法でも変わりはなく、同じように大切なものだと思います。

　ただ、デジタルマーケティングが浸透する以前、場合によっては今でも、効果測定が可視化されていない環境ではこの考え方が浸透していないケースもありますし、効果測定がしっかりできる環境にあるネット通販などでは「常識化」している考え方でもあります。

デジタルマーケティングは、まだまだこれから広がっていきそうですね。私もこうして山口さんに学ばせてもらってよかったです！

CRMは、コストというより企業の担当者の「やる気」が成果に大きく差をもたらす施策です。そしてコストでいうと、一説に「1：5」の法則ともいわれ、新規開拓は既存客の5倍のコストがかかるともいわれていますから、健全な経営を考えても既存客を大切にする取り組みはとても重要です。

私が勤める食品業界だと、どうなのでしょう？　実は、うちの会社、顧客名簿とか会員組織とかがなくて。

個人的な印象ですが、食品業界だとCRMや会員組織をもっているところはまだ少ないと思います。ですからまだまだチャンスはあると思いますよ。先ほど、食品は特にデジタルマーケティングで短期に成果を出すことが難しいと言いましたが、「食品」と「健康食品」は大きく違っています。

同じ「食品」なのに？　なぜですか？

若干話は脱線しますが、波野さんの好きなスイーツは何ですか？

私、モンブランが大好きで、こだわりのモンブランとか見つけると目がないんです。

モンブラン！　おいしいですね〜。では「毎日」食べます？

さすがに毎日は無理ですね。

では「月に一度　年間12回」必ず食べますか？

いえ、気分次第で食べるので、そんな定期的には食べてないです。

「食品」と「健康食品」が大きく違っているといったのは、例えば「おいしい！」と思う「食品」があっても、なかなか毎日食べるということにはなりませんし、そもそも商品単価

もあまり高くないのです。さらには、あまりに食べると飽きてしまいます。いわゆる嗜好品ですね。

一方「健康食品」は「毎日食べましょう」とか「継続しましょう」といった商品がほとんどですね。ですから戦い方が全く違うのです。

うちは、「食品」なので、どうしたらいいのでしょう？

ここから先は、あえて「食品」にテーマに絞って考えていきましょう。「健康食品」など単品通販の戦い方は、世の中にいろんな本が出ていますから、そちらを読んでみたら良いと思います。
一方、「食品」の主戦場はスーパーなどの小売店です。小売店はＣＲＭの重要性に随分前から気づいていて実践しています。例えばイオンでは「20日30日　5％ＯＦＦ」とＣＭをしていますが、あれはイオンカード会員が5％ＯＦＦなのです。小売店はカード会員という顧客組織をしっかり持っているのですが、食品メーカーの場合は流通構造上、間に卸や小売店が入るので直接消費者と接点がなく、ＣＲＭが浸透していないのでしょう。

確かに、うちの会社も、今までお客様との直接的な接点はほとんどなかったですね。

波野さんがお勤めの食品メーカーはネット通販も始めるのですよね？　そうなると、ここから先はＣＲＭの考え方やＬＴＶという考え方なしに施策を進めるのは危険だと思いますよ。

例えば流通構造のしがらみを無視して言えば、初回はスーパーで買っていただき、ラインの「友だち」になってもらうキャンペーンを実施する。２回目はラインで通知してネット通販で買ってもらうということを考えても良いと思うんです。

ＬＴＶ？　また新しい言葉が出てきました。詳しく教えてください！

お客様のＬＴＶを最大化させる

ビジネスを拡大していくうえで、特に重要なのは、お客様の価値を1回の購入だけで見るのではなく、継続的にどのくらい利益が上げられるかです。この**お客様から継続的に得られる利益のことを、マーケティング用語ではライフタイムバリュー（顧客生涯価**

値）、略してLTVと言い、施策を考えるうえで重要な指標となります。

ええと、生涯の価値ですか？　ちょっとわかりにくいです。

生涯といっても、その方が生まれてから死ぬまでということではないですよ。例えば1年でどうだったのか、5年だったらどうかというふうに、ある一定の期間で区切って見ていくわけです。だいたい1年で計算するところが多いと思います。

一定の期間内で、そのお客様からどのくらいの利益が得られたかを見ていくんですね。金額が多ければ多いほどいいということですか？

例えば、AさんとBさんが同じお店で買い物をしたとしましょう。

　Aさんは5万円の商品を買ってくれて、Bさんは1万円の商品を買ってくれたとすると、1回限りの買い物でみれば、Aさんのほうが高いわけですが、Aさんはその後買い物をしておらず、Bさんは同じ商品を5回購入してくれたとすると、AさんとBさんから得られる売上は同じ5万円になりますよね。

一定期間で考えれば、二人とも同じということですね。それがLTVを見るということなんですね。

そう、積み重ねがあるかどうかも見ていく必要があるので、LTVが大切といわれているのです。

これからの時代、利益を積み上げていかないと成長は難しいでしょう。Aさんだけでなく、Bさんの存在に注目してビジネスの展開を考えていかないと。ただ、1万円の商品を5回も買ってくれるBさんをずっと放っておきながら、いざ売上が落ちたから買ってくださいと言っても、買ってはくれません。なんらかのコミュニケーションをとって関係性を維持していなければ買ってもらえないですよね。

はい、その通りだと思います。

あの手この手で新しいものを提案して、買ってくれた人にはさらに違うものを提案して買ってもらう、あるいは通常よりもボリュームの多いものを買ってもらうなど、**お客様のLTVを最大化するためのCRM施策が必要になってきます。**

どのようにお客様とコミュニケーションを図っていくか、その方法もいろいろありそうですね。

デジタルを活用したＣＲＭ施策とは？

ＣＲＭ施策の目的は、原則ＬＴＶを最大化させることです。

デジタルの力を使ってどういうことができるか、ざっと例を出してお話しすると、まず近年のＣＲＭで注目を集めているのがラインの活用です（Ｐ65・66）。最近までＣＲＭと言えばメールマガジンを定期的に出すことでした。しかし、この数年でスマートフォンが普及し、またその使い方が発展したことで生活者の環境が大きく変わっています。ラインが登場してから、携帯電話のメールを使わなくなりました。波野さんはケータイメールを使っていますか？

私も使わなくなりました。友達との連絡はほとんどラインです。

そうですよね！　そんな環境の変化がありながらメールマガジンを一生懸命出していて

もなかなか反応は出ないですし、ＬＴＶの向上施策になっていかないですよね。

　メールマガジン用のツールとして発展してきた**ＣＲＭ用のツールも、国内メーカーのものはどんどんラインに対応**しています。代表的なものはカスタマーリングス、シナジー、ウェブキャス（Ｐ86）といったところです。

ＣＲＭツールっていうのがあるんですね。それを使うと何が便利なのでしょう？

まず、メールを大量に出すと迷惑メール扱いになってしまうことがあるし、セキュリティの面でもエクセルなどで顧客情報を管理するのは好ましいことではないですよね。それが**ＣＲＭツールを使うと、安全に顧客情報を保管し、お客様に一斉に大量のメールを打つことができる。**これがまずは大きな役割です。しかも、ツールはどんどん進化していて、**「ある商品を買った人に○日後にメールを送る」**や**「生年月日情報から誕生日にメールを送る」「ある特定のサイトを閲覧した場合にメールを送る」**など、**個別に配信を変更できる**ようになっています。

　これとラインの情報を連携すると、ラインで連絡先のわかっている人にはラインで、メールアドレスしかわからない人にはメールで連絡というふうにできるのです。これも

CRMツールを使う価値となっていますね。

データベースというとすごく難しそうに感じると思いますが、エクセルなどで作る連絡先リストを思い浮かべてください。姓名があって会社名があって、郵便番号、住所、電話番号があってメールアドレスがあるリスト、覚えがないですか？

そういうのでしたら、私もお取引先様リストみたいなので整理しています。

CRMツールはそういう顧客名簿のもうちょっとスゴイ版だと考えてもらえばいいですよ。

ネット通販の情報を入れ込むと「何をいつ買った」は当然わかりますし、アンケートをお願いして、情報を追加するという方法もありますよね。そうして**顧客情報が多ければ多いほど、どういうコミュニケーションを取っていくか、また自動的に連絡内容を設定しておくかということが計画できます。**

そうやってデータを活用できちゃうなんて、デジタルって、本当に便利ですねー。

うちの場合はまだネット通販は始めるところですし、これまでのメールなど顧客情報は全然ないのですが、ラインだけではだめでしょうか？

何もやらないよりは、まずラインだけでも良いと思いますよ。街の居酒屋さんでもラインの「友だち」登録で最初のビール半額といったことをやっているところもありますね。

私のスマートフォンにも月に数回ラインで連絡がきますよ。29日なら「ニクの日フェア」とか。

そういうのをもらうと、行きたくなりますよね。うちの会社でも、何かできるかな。とりあえず、公式アカウント（Ｐ65・66）を取らなくちゃ。

ライン公式アカウントだけを利用して、プラスアルファのＣＲＭツールなどを使わない場合は、原則「友だち」全員への一斉配信になります。ビジネス規模とコストを考えてしくみを強化するかを検討したら良いと思います。

そうかー。ライン公式アカウントだけでは、「このお客様に送りたい」とかができないんですよね。いずれはＣＲＭツールの導入も考えたいですね。

食品メーカーの場合は、ネット通販よりも「スーパーでの買い物が中心の顧客情報」となるケースも多いので、ラインで「友だち」を集めつつも、住所・氏名といった個人情報はあえて取得しないという方法もあると思います。

　また、せっかくライン公式アカウントを開設しても、ラインの「友だち」数が少ないと意味がありませんよね。そこで、「対象商品お買い上げでラインからキャンペーン応募」といったキャンペーンの活用で、購買経験のあるお客様とラインでつながる数を増やし、その後に連絡を入れ、継続して商品を買ってもらうような取り組みも増えています。

あと、企業の公式アプリとかあるじゃないですか。そういうものをCRMで活用するのはどうなんですか？

かなり大規模になると、コカ・コーラやマクドナルドのように自社のオリジナルアプリを展開して、そちらに力を入れているケースもあります。

　ただ、一般にラインはかなりユーザーが多く、あらかじめラインアプリがスマートフォンにインストールされている場合が多いのですが、自社のオリジナルアプリの場合は、ダウンロードしてインストールしてもらうところにハードルも出てきます。食品メーカーの事例は超大手で数社程度だと思います。

いずにしても食品メーカーも「ＣＲＭでＬＴＶを向上させる」作戦ではかなり頑張っていると思います。

そして個人的な意見としては地方の小さなメーカーだからこそ、この分野には力を入れるべきです。なぜならば、東京などで大量にテレビスポットを出稿することは、それこそ経営体力的に相当シンドイでしょうから。

はい。うちなんてシンドイというよりムリだろうな。ですから、ＣＲＭでしっかりお客様とつながっていきたいと思います。

LINE公式アカウントについて

LINE公式アカウントは2019年4月に中小企業・店舗向けのLINE＠とサービスを統合し、一部機能や料金プランを改訂しました。現在のLINE公式アカウントはプランに関係なく外部ツールとのAPI*連携など高機能です。また、LINEの特徴として、利用者の年齢層が幅広く、利用頻度が多いこともあげられます。

※API：他のアプリケーションやソフトウェアなどと機能を共有するしくみ。

◉LINE for Business

	フリープラン	ライトプラン	スタンダードプラン
月額固定費	無料	5,000円	15,000円
無料メッセージ通数	1,000通	15,000通	45,000通
追加メッセージ料金	不可	5円	～3円

LINEは幅広い世代で高頻度に利用されている

性別

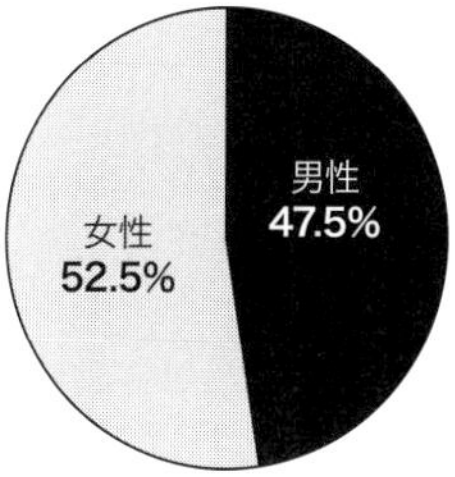

男女比は、やや女性が多い

年齢

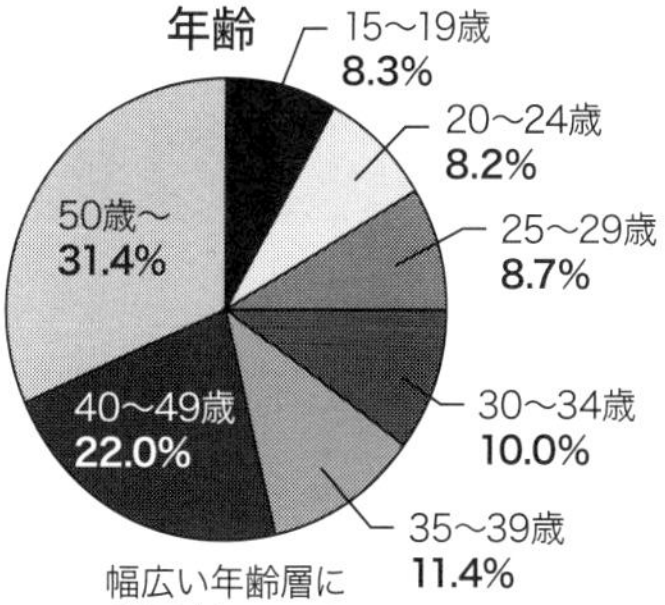

幅広い年齢層に
利用されている

職業

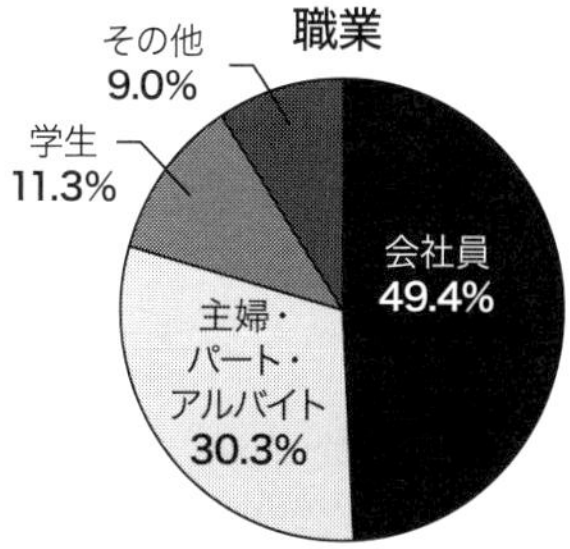

会社員が最も多く
ついで主婦や学生が多い

調査機関：マクロミル・インターネット調査
（2020年1月実施／全国15～69歳のLINEユーザーを対象／サンプル数2,060）

【出典】LINE媒体資料2020年版

LINE公式アカウントの可能性

LINE公式アカウントがOnline/Offline、LINE内/外、オウンドメディア/SNS等、従来バラバラだった顧客とのコンタクトポイントをひとまとめにつなぎ合わせる役割を果たします。

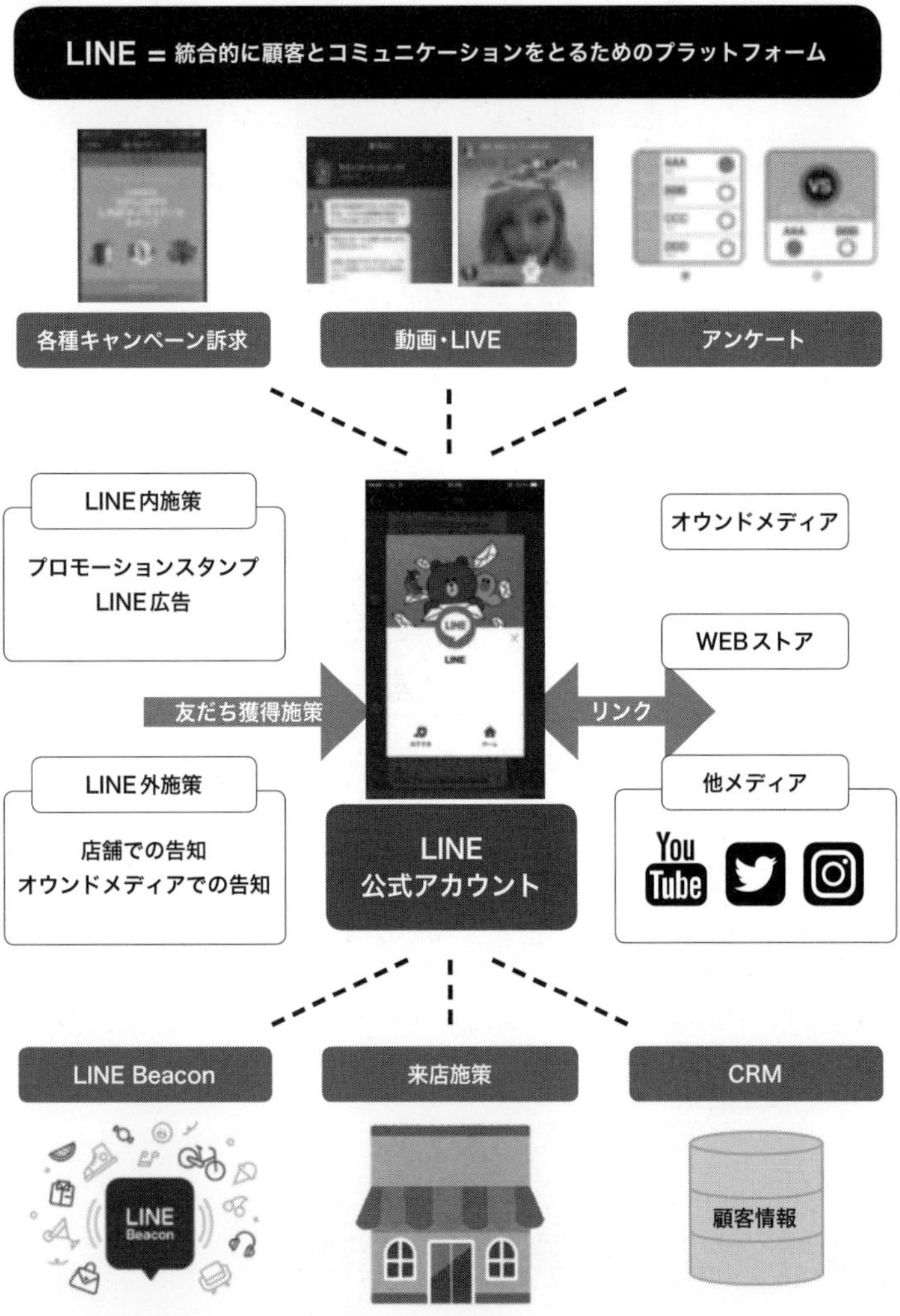

第3章

SNSもマーケティングに役立つんですか？

ＳＮＳは広義のＣＲＭ

企業のマーケティング活動にＣＲＭが大切だということがよくわかりました。
ところで、ライン以外のＳＮＳってどうなんですか？　ツイッターとか、インスタグラムとか。

波野さん、良い質問だと思います。今やＳＮＳはマーケティングにおいて無視できないほどに利用者も増えています。

私も、ちょっとヒマができたら、ＳＮＳを見ているかもしれません。

最初にそれぞれの特徴をちょっと整理しておきましょう。主なＳＮＳというと、こんなものがありますよね（図表11）。波野さんは何のＳＮＳを使っていますか？

私は、友達や家族とのやりとりはラインで、外食したりするとたまにインスタグラムに投稿もします。それに、ヒマな時にインスタグラムを見ると友達が食べたものとか旅行

図表11 主なSNSの特徴

	Instagram	twitter	LINE	facebook
国内月間アクティブユーザー数	3,300万人	4,500万人	8,600万人	2,600万人
ユーザー情報	10代〜30代女性が多いが男性ユーザーも徐々に増加傾向。	20代〜30代で過半数を占め、職業別では学生・会社員が全体の6割。	幅広い年齢層が利用。人口分布と比例して全国を網羅。	20代女性が最も多い一方で、30代以降からは男性の方が多い。
コミュニケーション強み	ビジュアルメインの発信により、ブランディングの活用が可能。	リツイートなどの拡散機能により、新規顧客ターゲットへのリーチが可能。	ID連携してOnetoOneのコミュニケーションが可能。	オフィシャル&ビジネス利用が多く幅広い年代にリーチ可能。
特徴	画像でのコミュニケーション。ハッシュタグフォローが可能。	リアルタイム性が高く拡散力も期待できる。	メッセージとタイムラインが主な機能。その他もサービス拡大。	実名性の世界最大のSNSでフォーマルな利用が多い。

【出典】各メディアが発表しているアクティブユーザー数（2020年12月現在）

に行った時に撮った写真を投稿していて、なんとなく友達の最近の活動もわかったりして楽しんでいます。

ツイッターは、投稿するというよりは、世の中で流行っていることがなんとなくわかるというか、言葉では難しいですけど、積極的に発信している人がそこそこいて、それを流し読みする感じなんです。友達と食事したりしている時に、「あれ、話題になってたよね」という会話についていこうと思うと、ツイッターをチェックしておかないといけない感じがあってたまに見ています。フェイスブックは、私は使ってないです。

なるほど、お聞きした感じだとすごく一

般的に使いこなしている感じがしましたよ。20代の方だとフェイスブックはやっていない人もいますね。ある会社の新入社員の方に同じ質問をしたときもそうでした。なので、一覧にまとめているように、各SNSの特徴を理解しておくことは大切ですね。自分が使っていても、商品のターゲットにマッチしているかどうかがビジネスでは大切ですからね。

そうか、フェイスブックも結構ユーザーが多いのですね。フェイスブックがメインという方がいることも、ちゃんと意識しておかないと。

CRMの重要性の話からSNSの重要性の話に入っていきますが、この順番にお話をするのには私なりの狙いがあります。

私は、SNSのポジションをまず「広い意味でのCRM」になると考えてもらうとわかりやすいかな、と思っています。ここでいうSNSにはラインを含まず考えていきましょう。とりあえず「広義のCRM」と名付けることにしますね。

一方、狭い意味でのCRMは、前章で触れたようにメールやラインを活用して、「お名前」や「どこに住んでいて」「この顧客が過去に何を買ってくれた」などの詳細を把握したうえで、できるだけきめ細かくコミュニケーションを取ることを指すことにします。

あの〜、広い意味でって、どういうことですか？

SNSでアカウントをフォローしてくれた方というのは、**特定の誰で、どこに住んでいてということまではわからないし、その人が商品を購入してくれたとも限らないので、「自分の会社や商品を応援してくれる人たち」と言えます。**理想的なのはプロ野球のファンみたいに熱烈に応援してくれるとすごくいいんですよね。

なるほど。商品を購入してくれたとは限らないけど、応援してくれていると考えると、広い意味でというのも納得です。うちの会社もファンになってくれる人を増やしていきたいです。

しかし、現実はそんなに甘くないのです。まず大前提としてSNSを通して企業から発信した情報は読まれにくいし、さらには話題になりにくいのです。

えー！　難しいじゃないですか！

そうなんです。「難しい」ということを念頭において、取り組まないといけないのです。波野さんは企業のアカウントをどんどんフォローしますか？

そうでした。自分も企業のアカウントはあまりフォローしてないかもです。

いくらフォローのハードルが低いといっても、得体の知れないものはフォローしないですよね。友達だからとか、知っているからとか、あるいは面白そうだからとか。それで初めてフォローしてもらえますよね。

確かに、自分の気に入ったものしかフォローしないです。みんなそうじゃないのかな。

なぜ、こんなふうに念を押すかというと、わかってそうでわかってない人がすごく多いんですよ。

例えば、ＥＣサイトを作ればそれだけで物が売れていくとか、ツイッターのアカウントを作ったらそれだけでバズると思っている人って、不思議といるんですよね。**自分自身を一生活者として考えてみれば、大抵は企業からメルマガが届いてもそんなに読まないし、SNSも好んでフォローはしません**よね。お得なクーポンがきたからって必ず使うわけでもないし。

ま、そうですね。

ところが、**同じ人が発信者側になると、なぜか自分の仕掛けた施策はみんなが好きになってくれて、内容もちゃんと読んでくれると勘違いしちゃう**んですよ。そこが噛み合ってないことに気づいてほしいと思いますね。

SNSは企業だけでなく、むしろ友達の投稿などを読むのがメインの場ですよね。企業の投稿の上下には友達の投稿が出ているわけで、大抵は友達の投稿のほうに興味をもちますよね。

言われてみればその通りです。

会社や商品のファンになってもらうには、自分たちを売りにいくようなメッセージでは響きません。そういう広告目線は大体スルーされますね。それよりも、**まず共感してもらうこと、喜んでもらうことが結果、好きになってもらうことにつながります。**

ツイッターやインスタグラムの世界観を大切にしながら、相手が気に入る内容で楽しく読んでもらうとか、新たな発見をしてもらうところに軸足を置くことが大切です。

こういう**お客様との結びつき、親密度をエンゲージメントと言う**んですけどね。この言葉は、あとで施策を考える時の指標としてよく使われる言葉です。

ファンになってもらう内容かぁ。やみくもに投稿してもだめですね。

難しいと言った意味、わかってもらえたようですね。

お客様の喜ぶ情報を提供する

それで、「広義のCRM」という考え方の話に戻るわけですが、「誰もが喜ぶ」みたいなことはさらに難しくなりますし、内容も薄くなりがちです。

SNSをフォローしていただきたいのは、第一に「お客様」。つまり、自社の商品やサービスを利用したことがある方です。既存のお客様に対するメールやラインでのCRMは、クーポン発行やセールの告知など、少し商売っ気の入ったものになりますし、しかも、プッシュ通知を設定していることも多いので、あまりにも頻繁に情報を流すと逆に嫌われてしまいます。

はい、しつこくされると、正直嫌になります。すぐに配信を解除しちゃうこともありますね。

一方、**SNSには「ゆるーくつながっている」感覚があります**（図表12）。

仮にお友達からの連絡だとして想像してみてください。ラインで「今日、京都に行ったよ」。また数分後に「こんなスイーツ食べたよ」といちいち連絡がきたら、ちょっとうっとうしくないですか？　これがインスタグラムやツイッターなら「さらっと」流して見られますよね。

ツイッターやインスタグラムのほうがゆるーい感じでつながれますね。

図表12　SNSでの企業発信の情報は友人などの投稿の合間に出現する

その意味で、**SNSを活用して発信する情報としては「すでに商品を買ってくれたことのあるお客様」に喜んでもらえるようなものを考える**といいと思います。

波野さんのような食品メーカーの場合、「レシピの紹介」というのも手としては考えられますね。「この商品とこの具材が意外にもオイシイ」とか「見た目がシズル感たっぷりでおいしそう」とか。

いいですね！　レシピって何気なく見ちゃいます。

こちらは、私がCRMのお手伝いをした老舗の乾物店とスイーツ専門店のインスタグラムです（図表13）。もともと自分のお店のだ

図表13 SNSを活用した、CRM施策事例

老舗乾物店の営む和DASHI庵花の将instagramアカウント
@hananosyo_koushiki
お店のだしを使ったレシピと作り方の動画をインスタグラムで紹介。
https://www.instagram.com/hananosyo_koushiki/

本格スイーツの専門店【ミトン】Instagramアカウント
@ mitten_onlineshop
フルーツタルトの作り方やアレンジをインスタグラムで紹介。
https://www.instagram.com/mitten_onlineshop/

しを使ったお料理の動画があって、それを再編集してインスタグラムにレシピと一緒にアップして見ていただくようにしたんです。

おいしそう！　作ってみたいです。動画があると、わかりやすいですね。

私も偉そうなことを言っていますが、これには正解はないと思うのです。

お客様の立場に立って、例えば「友達からこんなこと教えてもらったらうれしい」みたいなことを、投稿のネタとして出していくことが大切なんだろうと思いますよ。そうするとお客様側も「いつも楽しく拝見しています」といったポジティブなご意見を出してくれると思うのです。それで、10回に1回くらいは、少し商売っ気のあるものがあっても良いとも思います。

そうか～。自分がお客様の立場になって考えてみることですね。

お客様の立場で、「読みたいな、知りたいな」と思えるような内容が、投稿のコンテンツ作りには大切です。ツイッターもインスタグラムも分析機能があります（図表14）ので、

図表14 SNSに搭載されている分析機能

Instagram

※プロアカウントに設定しておく必要がある。スマートフォンで見るとプロフィール画面に「インサイト」と表示されている。そこからこれまでの各投稿の状況が表示され確認ができる

Twitter

PCからTwitterアカウントにアクセス。

「もっと見る」からアナリティクスをクリックすると、これまでの各投稿の状況が表示される

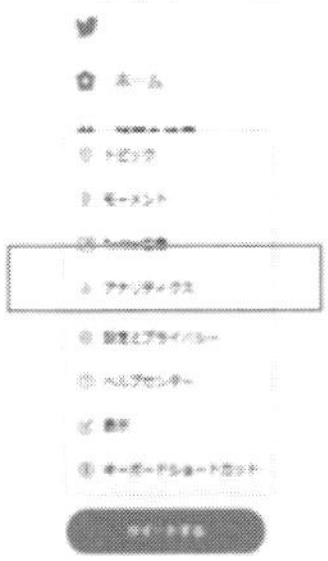

Facebookページの設定画面に「インサイト」と表示されている。そこからこれまでの各投稿の状況が表示され確認ができる

投稿したものの反応をチェックしてみましょう。

自分の投稿がどれだけ見られたとか、クリックしてくれた人が何人いるのかとか、いろんな状況がわかるんですね。こんな機能があるなんて、知らなかったです。

誰でも利用できる機能ですから、投稿内容の参考にするといいと思います。そうやって根強い支援者を増やして好まれる企業アカウントになると良いことがあります。

何ですか？　あ、もしかして？

そう、拡散です。**第一に、お客様に喜んでもらえるようなネタを一生懸命考えて投稿する。そして第二に、粘り強く継続する。そうしているうちに、お客様の友達にも共感を得て広がっていく。その大きな波が拡散なのです。**

ですから、SNSアカウントを作りさえすれば拡散するなんて考えは捨てて、まずは、一度でもお付き合いのあったお客様のことを考えて投稿する。それを継続する。そして、地道にフォロワーを増やしていくうちに、フォロワーが多い方の目に留まって「いいね」ってなるものだと思ってください。

つまり、SNSのポジションはまずは広義のCRMであり、お客様の満足度が高ければクチコミが広がって、結果として新規のお客様を連れてきてくれることにつながると思ってくださいね。

今どきは、「ググる」じゃなく「タグる」

なるほど、勉強になります。

ところで、**最近は、「ググる」よりも「タグる」**んですよね。
波野さんもさっきタグっていましたよね？　旅先を決めるという話の時に。

あ、ハッシュタグですね。あれを「タグる」っていうんですね。

そうです。どこに行こうかなと思った時に、インスタグラムで「#絶景」とか「#旅行」とかで検索するんでしたよね？　それで友達の付けていた気になるハッシュタグをインス

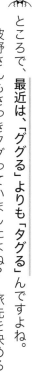

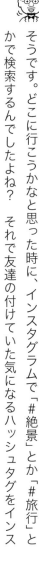

タグラムでさらに検索をしていって「ここに行こう」となる。実際に行ってみてよければ、自分も投稿したりしますよね。

もちろんです。

ＳＮＳ上に会社や商品に関係するような投稿が増えていけば、それだけ多くの人の目に触れることになります。

なんか、ひとりでに増えていってくれるみたいですね。

いえいえ、一過性の情報だけではお客様との関係もそこで終わってしまいますから、欠かさずに情報発信を続けることが大事なんです。そして、お客様のほうもハッシュタグを付けて投稿してくれるようになると、こんなに力強いことはないですね。

はい！　しかも広告っぽくないやつですよね。

情報発信を続けていると、お客様と付き合っていく下地ができてくるんです。それが広がれば結果的に新たなお客様に見つけてもらうきっかけも増えますよね。

でも、どうやったらお客様のほうから投稿してくれるんでしょうか？

まずはお客様にお願いしてみることかもしれません。フォロワーを増やすこともそうですが、まずは商品を買っていただいている方にフォローをお願いしたり、「こんなにお客様のためになる情報を発信しているから、チェックしてみて」とお願いする。メールやラインでもＳＮＳのフォローをお願いする。商品に小さなパンフレットを付けて「＃〇〇をつけて投稿」といったお願いを書いておくことも大切かもしれません。

それだったら、私にもできそうです。
　それで、私のようなＳＮＳ担当者が投稿をする時に、どのくらいの頻度とか、ボリュームとか、何かアドバイスがあれば教えていただきたいです。

投稿頻度はある程度の頻度でお願いしたいところですが、お金をかけずにできることは

まずやりましょう。そして投稿カレンダーを作って、毎週○曜日にこのジャンルを投稿すると決めて、**できるところから着実にやること**です。週3回くらいならできますか？逆に**思いつきで1時間に3回投稿したあとに1週間、1か月と間があいてしまうのは避けたい**ところですね。

はい、まず週3回、ツイッターとインスタグラムから始めてみようと思います。

いいじゃないですか。ユーザーから届いたコメントにはできる限り返事をしてくださいね。大企業のＳＮＳでは無理かもしれませんが、波野さんの会社ならできますよね。双方向のコミュニケーションを大切にしましょう。

ファンになってもらえるよう、頑張ります！

それで、「さらに拡大！」となったら、お客様に投稿をお願いするキャンペーンというのも流行っていますね。

後で紹介しますが、インフルエンサーと呼ばれるフォロワーをたくさん持っている方

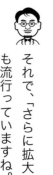

に協力してもらうことも、施策としては考えられます。

　今すぐということではありませんが、ある程度自社で投稿がたまってきて、多くの方に見てもらっても恥ずかしくない状態まで下地ができてきたら、新たな挑戦をしてみるのもいいかもしれません。

挑戦？　どんなことでしょう？

例えば、広告予算が付けられる場合には、投稿をお願いするキャンペーンの告知に広告予算を投下するとか、過去の反応が良かった投稿を広告で出してみるとか、インフルエンサーに協力をお願いする等も検討してみてください。

SNSのマーケティングファネル上のポジション

クチコミが広がるとき、そのお店のことを知っている人が発信元になります。SNSも、すでに顧客となっている方がフォローしてくれて、その友人にクチコミをしてくれて評判が広がると考えると理解が早いと思います。評判を聞きつけて、新規のお客様がやってくるという目線で整理すると下記のような図になります。SNSは利用者も多いので、広告やキャンペーンで認知を広げることにも適しています。

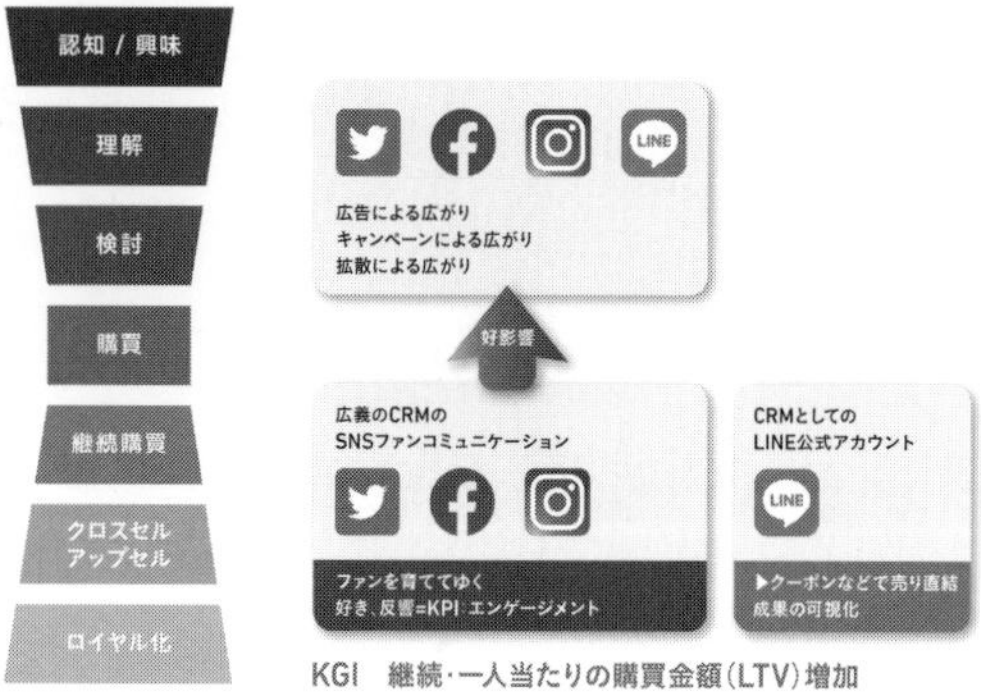

デジタルマーケティングを加速させるCRMツール例

２章で解説しているCRMを本格的に実施する場合はCRMツールを導入することをお勧めします。さまざまな製品がありますが、自社のマーケティングの目的や事業規模で選定しましょう。

CRMツール一覧

製品名	提供社	特徴
Synegy!	シナジーマーケティング	Synegy!内にデータベースを構築し顧客管理、購買等の履歴管理を可能にし、メールやLINEので個別配信を可能とするツール
カスタマーリングス	エイジア	より、顧客の分析をやりやすくすることに重点をおいた設計。メールやLINEでの個別配信を可能とするが比較的高額な月額利用料となるため、高度なECのマーケティング向け
WEBCAS	プラスアルファコンサルティング	既存のデータベースとも連携可能。メールやLINEでの個別配信を可能とするツール
Salesforce	セールスフォースドットコム	世界的シェアを誇るCRMベンダー。顧客の課題に幅広く対応可能。LINEでの個別配信はサービスに無い(開発すれば可能)
Hubspot	ハブスポット	BtoB向けのマーケティングオートメーションツール。無料プランもある上、顧客情報数1000件までは月額6000円のプランもあるため導入しやすい
Lステップ	マクネル	LINEの個別配信に特化したツール。LINEでの個別のコミュニケーションにも対応している

第4章

インターネット広告はどう選べばいいんですか？

広告施策で大切なランディングページ

広告を実施するうえで、私がよくアドバイスをするのは、**ランディングページ（LP）をちゃんと作りましょう**ということです。

LPですか？　それって何ですか？

例えば、ある商品の広告を見て関心を持った人が、その広告をクリックしたとしますよね。企業からすると、本当ならそこから会員登録とか、商品の購入といった成果につなげていきたいのに（コンバージョンと言う）、会社のホームページのトップページにつながっちゃったりする。そうすると、がっかりしませんか？

あ、わかります。そういうのって、ちょっとイラっとします。

ランディングって着陸という意味なんですが、広告をクリックした人をちゃんと着陸させてあげるためのページが必要ということです。着陸先で迷うと、お客様は逃げていってしまいますよ。インプレッション数（広告が表示された回数）やクリックは多いのに、コンバージョンが増えないのは、この着陸するところができていない場合がよくあるんです。

それはもったいない。

ECサイトのように商品点数が多いと、全部にLPを作るわけにはいかないですが、例えば、波野さんの会社の新商品の広告なら、LPも作ってしっかり商品の良さ、特徴をアピールできるようにしておくといいと思います。

本当ですね！　どんなところに気をつければいいでしょうか？

押さえておくポイントは、三つ。

一つ目は、できるだけスクロールせずに、メッセージを言い切ること。「私はこういうもので、あなたにこうしてほしい」までを完結させるようにします。

二つ目は、この商品を購入するとどんなメリットがあるのかをちゃんと伝えること。

三つ目は、CTA（コールトゥアクション）行動を呼びかけること。「ご購入（お申し込み）はこちらから」や資料請求先、問い合わせ先をはっきりと目立つようにすることです。

波野さんの勤めている食品メーカーの場合は、商品の販売がECサイトであれば、ECサイトでスムーズにお買い求めいただけるようにするべきですが、スーパーが主力の販路であれば、「お取り扱い店舗はコチラ」ということも考えられます。また、今後の長いお付き合いを考えてラインの「友だち」登録のお願いやSNSのフォロワーになっていただくようにするのも大切なCTAです。

せっかく興味を持ってくれた方を取りこぼさないよう、広告を考える時はLPもしっかり考えたいと思います。

インターネット広告ってどんな種類があるの？

さて、CRMの視点で下地づくりをしたら、いよいよ広告ですね！

図表15　マーケティングファネルとインターネット広告

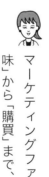

認知／興味
まだ商品やサービスを知らない人に振り向いてもらうこと。「自分のための商品」と感じてもらう。
●TV-CM
YouTube
●Bumper
etc.
理解
興味を持った人に対して、商品をもっと理解してもらい、エンゲージメントや購入意向を高めていく。
YouTube
●TrueView
etc.
GDN
facebook広告
Instagram広告
twitter広告
検討
その商品を必要としている人。
もう、検討段階にある人の、背中を一押しする。
●検索広告
YAHOO! JAPAN
Google
etc.
購買
●ランディングページ
●Web接客
継続購買
REPEAT
その商品を買ってくれた顧客に対して、継続して購入してもらう。
●LINE・メルマガ
etc.
facebook
Instagram
twitter
クロスセル
アップセル
RELATION
・その商品と別の商品もセットで購入してもらう。
・その商品よりも高額な上位モデルを購入してもらう。
●ブランドサイト
etc.
ロイヤル化
RECOMMEND
商品や企業に対して「好き」という心理要因を抱かせ、ファン化させる。
●会員特典
etc.

でも、一言で広告と言っても、どんなものがあるんでしょう？

いろいろありますよ。インターネット広告は種類があまりに多いので代表的なものをマーケティングファネルに記載してみました（図表15）。

マーケティングファネルの「認知／興味」から「購買」まで、いろんな種類があるんですね。

インターネット広告は、詳しく語ろうと思うと本当に切りがないんですよ。例えば、検索広告（リスティング広告）だけでも本が1冊書けてしまうくらい

です。ここでは個別の広告についての説明は省いて、特に重要なポイントを解説していきますね。広告の初歩的なことを巻末（P103・P111）で紹介しているので、そちらも参考にしてください。

検索広告の「指名キーワード」と「一般キーワード」は別モノと考える

図表15に書かれている検索広告って、グーグル検索などをした時に検索結果に出てくるものですね。リスティングとも言うのですね。

そうです。ただ私はわかりやすさを大切にして、検索広告とあえて言っています。個人的な感覚ですが検索広告は一番身近で、かつ一周回って一番難しいものと思っています。

検索広告で「これだけは押さえておきたい！」という大切なポイントは、「自社の社名、ブランドのキーワード群」で構成した「指名キーワード」の検索広告と、「商品や用途などの一般的なキーワード群」で構成した「一般キーワード」の検索広告は、実は広告におけ

るポジションが違うので、同じ広告媒体ですがあえて別モノと考えてほしいと思っています。

えっ？　ごめんなさい。同じ広告媒体ですよね。

そうなのですが、社名もしくは商品ブランドの「指名キーワード」の検索広告は、最初からその商品を探しているお客様に対して出す広告です。一方、「一般キーワード」の場合は、その商品のことは知らない、もしくは漠然と「こういったものないかな？」と探しているときに出す広告ですから、その時点でお客様の購買意欲は全く違いますよね。

言われてみればその通りですね。例えば、うちの会社の商品で離乳食用の食品だと、一般キーワードって「離乳食　通販」とか？　そういうことですか？

その通りです。お客様は商品ブランドを意識せず「用途」などで検索していますから、広告で初めて商品の存在を知るということになりますね。なので、すでに商品をご存知のお客様に向けた「指名キーワード」の検索広告は守りの施策、一方で、商品の存在を知ら

ないお客様に向けた「一般キーワード」の検索広告は攻めの施策と言えます。

同じ広告媒体でも役割が変わってくるということですね。

でも、同じ広告媒体なのにうまく使い分けできるのですか？

できます。注意点もたくさんあります。

まず、予算の組み方です。インターネット広告全般の用語にはなりますが、予算管理のグルーピングを「キャンペーン」と言います。

私は、「指名キーワードの検索広告」と「一般キーワードの検索広告」のキャンペーンを分けるべきだと思っています。人によっては、その考えに否定的な人もいますが、私はかなりこだわっている部分です。キャンペーンを分けることによって予算の管理はもちろんですが、その広告の成果や、余計なキーワードが紛れ込まないようにする設定もやりやすくなります（図表16）。

難しくなってきました。余計なキーワードが紛れ込むって、どういうことですか？

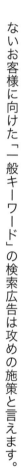

図表16　検索広告の切り分け

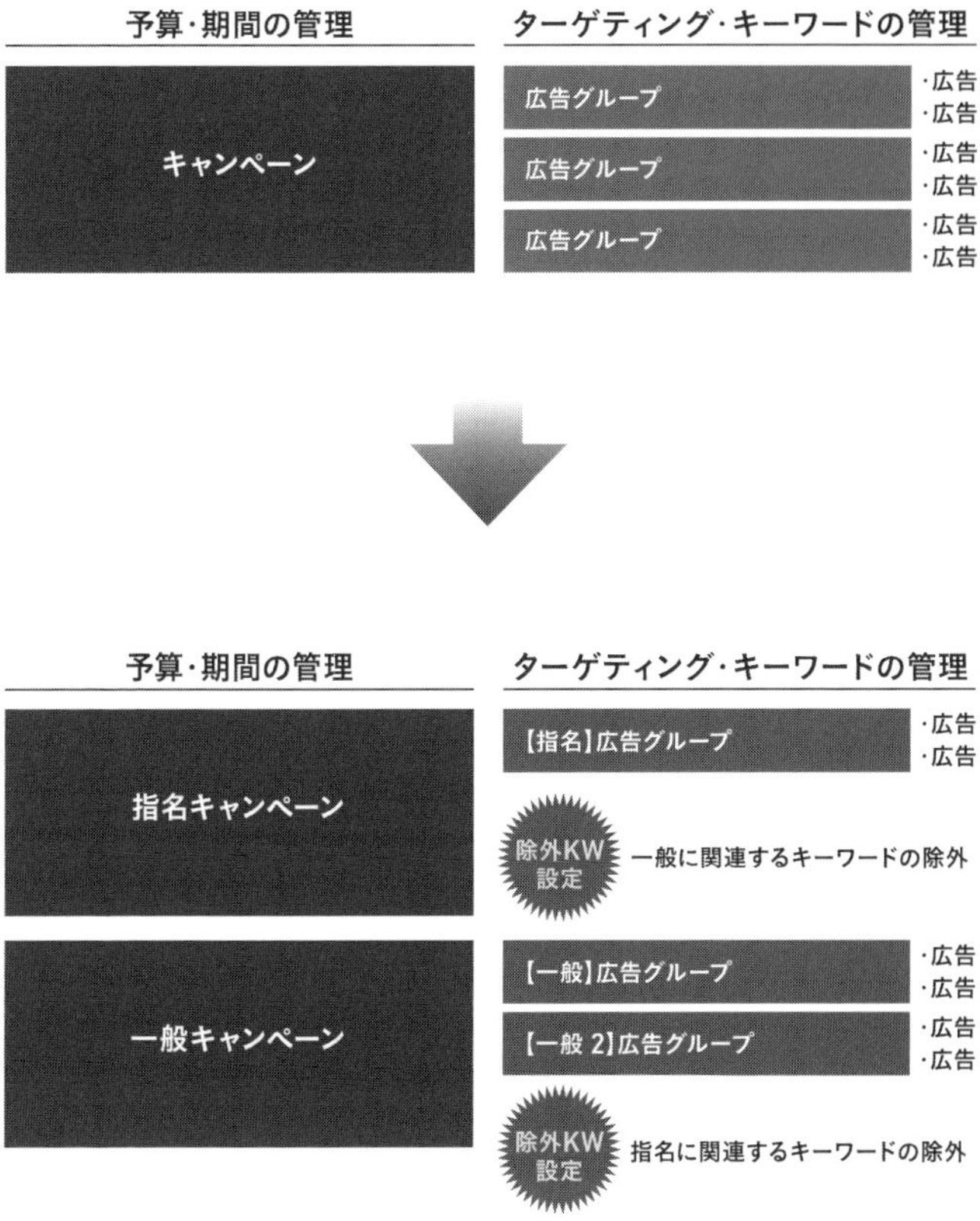

グーグルの検索システムも、コンピューターですからね。だいぶ賢くなってきたと言っても、人間の話す言葉には完全には対応できないのです。広告キーワードの入稿方法も、マッチタイプ（企業が登録したキーワードとユーザーが検索したキーワードがどこまで一致した時に広告を表示するかという基準）というものがあり、かなり細かく設定が必要になります。
　これ以上のことをここで突き詰めていくのはやめておきましょう。書店に行けば、すでに検索広告に関してもわかりやすい本がたくさん出ていますから、それを読んでもらえば良いと思います。もし、すでにリスティングをやっていて気になるという場合は、広告のクエリレポートをチェックしてみてください。クエリとは実際に検索された語句のことです。

えっ!?　なんか知らないといけないことがたくさんありそうですね。

そうなのです。だから検索広告は一周回って一番難しいと言ったのです。
　それよりも、広告領域の全体像の話をしたいと思います。もう一度図表15（P91）のマーケティングファネルを見てください。かなりシンプルにしてあります。大枠として

はこれが全体像です。

いろんな広告媒体がありますが、山口さんが一番効果的だと思っている媒体って何なのですか？

実は、「テレビ」なんです。

テレビCMがデジタル媒体の効果を押し上げる

えっ！　インターネット広告ではないのですか？

そう、あえて視野を広げてほしいことも含めて「テレビ」と言いました。
実際にテレビでインターネット系の商品・サービスのCMって見ませんか？

そういえば、見ますね。「ゲーム」とか「フリマアプリ」とか。

その通りです。あれこそが、**テレビが一番効果的**という証拠だと思うのです。
インターネット系の商品以外でも「詳しくはウェブで」とか「〇〇で検索」と締めくくっているCMはかなり多いですよね。

でも、そんなことを言っちゃって、デジタルマーケティングの本として大丈夫なのでしょうか？

そうですね。テレビはデジタル媒体ではないですからね。しかし、**テレビCMを投下することで商品やブランドの認知が上がり、「指名キーワード」での検索数は劇的に伸びます。**
さらに「一般キーワード」で広告を見ても、「あ、このブランド知ってるかも」と好意的にクリックされることが増えるのは、過去の事例からみて間違いありません。
テレビ単体での効果測定は難しくても、検索広告との組み合わせや、ウェブサイトへの流入となっている自然検索（検索広告ではない部分の検索結果のこと。オーガニックとも言う）の流入キーワードを分析することで、デジタルマーケティング的に分析できるわけです。

最近ではインターネットに接続しているテレビも増えてきていますよね。家庭内で同じインターネット回線をテレビとスマートフォンで使っていると、見た人を分析してCMやインターネット広告を出すといったところまで進んできていますから、これからこの分野は注目です。全体としてはまだまだインターネットに接続しているテレビは少ないですから、現状はあくまで参考というところですが。

すごい！　知らない間に進化しているのですね。

デジタルマーケティングとは、インターネット広告に限定されたものでも、ウェブサイトに限定されたものでもありません。もっと言うとマーケティングそのものがデジタル技術で進化しているということです。

加速度的に増えている動画広告

では、ちょっと質問が変わりますが、山口さんが今、注目しているインターネット広告は何ですか？

それは**ズバリ「動画広告」**です。でもひとことに動画広告といっても「音のある動画広告」と「音のない動画広告」があります（P112）。

動画広告って、例えばユーチューブを見てると出てくる広告とかですか？

その通りです。ユーチューブ広告は動画広告の代表的な存在です。しかも音がありますよね！

そうですね。ユーチューブの広告は音があります。CMに近い印象です。

では「音のない動画広告」って何が思いつきますか？

えっ……、インスタグラムとかを見ていると動画の広告がたまに出てくる気がします。

大正解です。インスタグラム、フェイスブック、ツイッター、ライン、ヤフージャパンなど、**広告で動画を使う事例がこの数年で加速度的に増えています。**あれ、実は動画その

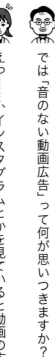

ものには音はあるのですが、波野さん、インスタグラムを見ている時に広告から急に音が出たらどうします？

それは、困りますね。電車に乗っている時にインスタグラムを見たりもするので、スマートフォンの音はミュートにして使っています。

まさにそれですね。だから「音のない動画広告」と位置づけているのです。

　最近ではさまざまな広告媒体で動画も可能になってきているので、「音のない動画広告」とは、ユーチューブやGYAO、AbemaTVなどのそもそも動画コンテンツ主体の媒体で視聴者が音のある環境で視聴する「音のある動画広告」以外が定義となりますね。

なんか動画広告に興味が出てきました。でも、なんで注目しているのですか？

はい、すでにユーチューブなどの利用はかなり拡大していまして、今までも注目の広告媒体ではあったのですが、今後、スマートフォンの通信方式が5G化していくことで、

さらに拡大すると思います。

5Gで通信速度が速くなるということもあるのですが、それよりも通信料が固定になって、動画を見ても通信料が気にならなくなる時代になってきたのです。

確かに！　私、ユーチューブをスマートフォンで外出している時に見て、月末にパケットが足らなくなった経験があります。あれからユーチューブはネット環境のあるところでしか見なくなりましたね。

実体験あるじゃないですか！　でも、通信料を気にしなくてよくなったら、公園とかカフェとか電車の中とかで、イヤフォンをつけてユーチューブを見るかもしれないですよね？　だから、まだまだ拡大する、大注目だと思うのです。

そうゆうことか～。楽しみになってきた！

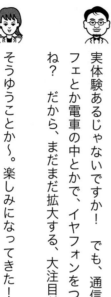

インターネット広告の種類と考え方

本文中でも書いたように、インターネット広告にはたくさんの種類があります。個別の広告媒体の特徴については巻末（P171）に資料を掲載していますので、そちらも参考になさってください。

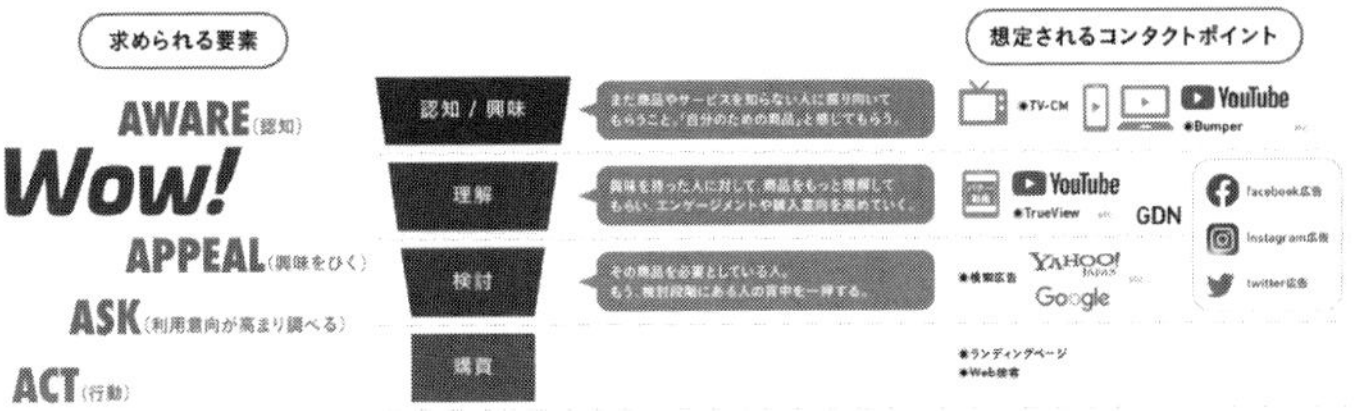

広告媒体によって「得意分野」には違いがあり、広告の目的によっても、どの媒体に力をいれるかが大きく変わってきます。ここでは２つの事例をご紹介しましょう。

【例１】ネット通販、資料請求等のダイレクトレスポンス施策の場合
求める成果が計測できるため、低リスクで、徐々に拡大する施策が実施できます。
（初期）検索広告とInstagram広告で獲得単価を確認しながら、広告施策のうち、「何が良くて」「何が良くないか」を見極める。
（成長期）「良い」と判断できる広告に関して、徐々に予算や媒体数を拡大する。

【例２】認知施策（これまでにテレビ、ラジオ、新聞広告、オリコミ広告を行っていたようなケース）
来店促進や卸・小売が絡む商材の場合、ネット通販のように明確な成果が計測できません（スマートフォン位置情報を活用した来店計測など年々進化はしています）。また、認知施策では、「認知してすぐ購買」という場合もあれば、「店頭で見て、なんとなく知っているから買う」など、認知から購買までのプロセスもまちまちです。自動販売機でコーヒーを買うときに、事前に検索して買う人はいませんよね。
インターネット広告を出稿する商材の場合、より広い認知を求めるケースも多いので、初速からある程度の広告投下をしないとリーチ数が伸びず、その効果を実感できないこともあります。そのため、認知施策の場合には思い切った予算投下が必要です。テレビとインターネット広告両方を実施する場合、目安としてテレビの出稿額の20〜30％がもっとも総リーチがあると分析されています。

インターネット広告は、ターゲティングができる

今度は私から質問です。インターネット広告とテレビＣＭと新聞広告、広告を出す側（広告主）にとっての違いって一言で、何でしょう？

そうだ、私は広告を出す側の人になるんだった。えー、何だろう？　はなから全然違うものだと思うのですが。

そうですね。質問が悪かったかもしれません。言いたかったことは**「高精度なターゲティング」ができるかできないか？　そこが違う**と私は考えます。

ターゲティング？

はい**「ターゲティング」とは「広告をどんな人に見てもらいたいか？」ですね。**
波野さんの担当する商品でも商品ターゲットってあるでしょ？

例えば、離乳食用の商品だったら、「産後のママさん」とかそういうことですか？

その通りです。ではテレビや新聞広告で「産後のママさん」以外は見ないでくださいという広告を出せます？　テレビなら「子育て系」の番組があれば、その番組を狙う形でしょうが、新聞の場合はかなり難しいですね。子育て系の雑誌に広告を出すことになりますね。

インターネット広告の場合、それと何か違うのですか？　子育て系のウェブサイトに広告を出すのではだめなのですか？

子育て系のウェブサイトに広告を出すことも可能なのですが、産後のママさんって別に24時間子育て系のウェブや雑誌を見ているわけではないですよね？　子供が昼寝した時に、一息ついていろんなことをしてますよね？　ドラマだって、ユーチューブだって、インスタグラムだって見ますよね？

は、はい。そうですね。

インターネット広告の特徴の一つである「ターゲティング」は、さまざまなデータをもとに「子育て中のママ」にターゲットを絞って広告を出すことができるのです。
「子育て中のママ」はあくまでも例で、単純に「男性だけ」「女性だけ」「このエリア」だけという設定もできます。図表17にターゲティングのイメージを書いていますし、あなたがグーグルから「どんなことに興味ある人だと分類されているか」がわかる二次元コードを付けておきました。

えー！　この二次元コードでわかっちゃうんですか？
つまり、**テレビや新聞広告ではできなかった「ターゲティング」が、インターネット広告ではできる。はじめから商品のターゲットに合わせて広告を出すことができる**ということですか？

はい。その通りです。**グーグルやフェイスブックなどは利用者のデータを分析してターゲティングができるようになっています。**
日頃どんなウェブサイトを見ている、何を検索している、あるいは、グーグルアカウントを作る時に生年月日を登録する、性別も入力する。こうしたデータを積み上げて「◯

図表17　インターネット広告で可能なターゲティング
(例) GoogleAdsの設定画面

この二次元コードを読むと
あなたがGoogleからどのようなことに興味がある人だと
分類されているかがわかります

https://adssettings.google.com/authenticated?hl=ja

○に関心が高い人」と分類されているのです。

一番効果が期待できるのはテレビと言いましたが、実際にテレビCMを関東地方で出そうと思うと、数千万は覚悟しないと十分なボリュームになりません。でも、例えばグーグルのサービスの一つである**ユーチューブ広告で商品のターゲット層にだけ、全国的に広告を出してみようということは、かなり柔軟性をもって実施ができる**のです。

まだはっきりとした効果測定はないのですが、テレビでユーチューブを見るという人も増えていますので、テレビ向けにユーチューブ広告を出すというのも注目している方法になります。参考までにめぼしい広告媒体の資料（P171）はつけておきますね。

資料ありがとうございます！　主力のものがわかって助かります。

インターネット広告は、運用型が8割

今、ご紹介した広告は「運用型」と呼ばれるものです。**インターネット広告の8割がすでに運用型と言われています。**運用というと、身近なところでは「資産運用」なんて言葉がありますが、投資などで資産を増やしていくのと同様に、運用型の広告もやり方次第と

いうニュアンスを含んでいますね。

運用ですか……。

資産運用の場合、投資で大当たりすることもあれば、失敗することもありますよね。そういう結果を検証しながら、次はどうするかを考えるじゃないですか。運用型広告も同じように、**広告を打ちながら、どういうふうに情報発信をしていけば良い結果が得られるかを考えていく**んです。運用の仕方次第で結果が大きく変わるというニュアンスが含まれて、運用型広告と呼ばれています。

へぇ。やりながら改善策を考えるって感じですね。

そうです。極端なことを言えば、やみくもにノンターゲットで運用型広告を打っても、なかなか結果は出せません。海に塩をまく感じですね。一方で、仮説を立てて、実施して、検証していくと結果も変わってきます。要はＰＤＣＡですね。

広告の出し方は広告主となる企業の業種や業態、商品などで変わってきますので、マーケティングファネルに落とし込んでいるものはあくまで一般的なモデルになります。特にネット通販目的の場合は、いくら広告に投下して、売れた・売れないという結果がはっきり検証できますから、割と手堅い施策を重視するケースが多いのですが、それでも最近私の関わっている複数の案件では、静止画のバナー広告よりも「音のない動画広告」のほうが、効率が良いというケースも出てきています。

実際にやってみたら、「音のない動画広告」のほうが良かったとわかったわけですか。

中でも「音の出ない動画広告」で成果が出やすいのは、インスタグラム広告かもしれません。私の関わっている複数の案件で、検索広告の一般キーワードのキャンペーンよりもインスタグラム広告のほう成果が良いというケースがあります。

ただ、「音の出る動画広告」のユーチューブも、このネット通販の分野には力を入れてきていますよ。さらにネット通販だけでなく、小売店での販売目的やブランド認知を上げたいという目的の場合も、「音による認知効果」はやはり期待したい部分なので、今までインターネット広告を実施してこなかった企業も、どんどん動画広告にチャレンジしていくと思います。

インターネット広告の始め方

●インターネット広告はどう始める？

インターネット広告（運用型）の多くは、直接広告媒体に申し込み、クレジットカード決済で利用することができます。いわば、誰でも出稿できる仕組みになっています。また、最低利用金額の設定もなく、少額からでも始められるということも特徴の一つですが、次のような落とし穴もあります。

インターネット広告の注意点
①広告媒体ごとに管理画面が異なり、設定方法も異なる。
②WEBサイトにタグを設置したほうがより効果的なターゲティングや計測ができるが、実施にはやや専門的な知識が必要。
③間違った設定で広告を行っても、結果は自己責任。
④アップデートが頻繁にあり、知識がついていかない。

上記のような理由から、初めてインターネット広告に挑戦するという場合には、自力でやることはおすすめしません。広告会社やデジタルマーケティング会社に相談をしましょう。

外部の力を借りれば、当然、手数料や運用費といった名目で、直接媒体に支払うよりは割高になりますが、それ以上に経験や知識から目的に合わせた成果を生み出すことも期待できます。

●広告の依頼先はどう選ぶ？

世の中には、インターネット広告を扱っている広告会社やデジタルマーケティング会社がたくさんあります。

選定にあたっては、少なくとも「どういった体制か？」「専門的な知識を持っているか？」はヒアリングしましょう。

広告会社によってはSLA（サービスレベルアグリーメント）という規約で「最低出稿額」や「稼働の要件」を決めているという場合もあるので、この会社に依頼したら「何をしてくれて」「何をしてくれない」のかを、事前に把握しておくことが大切です。

動画広告の成功のヒケツ

本文中で「音のある動画」と「音のない動画」と解説しました。特にYouTubeは「音のある動画」の代表。Googleの発表では、95%のユーザーが音のある環境でYouTubeを視聴しています。国内ユーザー6200万人を誇り、もはや無視できない広告媒体です。Googleの調査によると「ある商品を購入した人の55%以上がGoogleで商品検索した後にYouTubeでも調べている」ことが発表されています。また、YouTubeの動画をテレビ以上に能動的に観ていることも考えられ、目的のコンテンツを視聴する前にクリックすることが少なく、動画視聴後に再度検索行動に移るということも想定しましょう。
一方、SNS媒体の動画は「音のない動画」ととらえ、移動中などのシチュエーションや字幕などわかりやすくする工夫が求められますが、動画に加えてテキストも付けられるため、クリックされやすい傾向にあります。

施策の目的を明確に

◉誰に……………………ターゲット
◉何を伝えて……………訴求内容
◉どんな成果を期待するのか……施策の目的

商品のベネフィットから動画化する訴求内容を考える

◉離乳食の動画広告で考えられる目的の例

WHO	子育てママ
WHAT TO SAY	手軽に用意できて、栄養満点
成果（KPI）	商品ブランドの認知/ネット通販の販売

視聴者のシチュエーションを意識する

◉デバイス…………スマートフォン、タブレット、パソコンなど
◉メディア…………YouTube、Instagram、Facebook、Twitterなど
◉場所や場面………通勤電車の中、食事の前後、自宅のベッドなど

考慮すべきポイント

◉スキップ（スルー）されがち。冒頭（5秒）で面白さが伝わらなければ視聴を続けてもらえない
◉特にSNS媒体は音声オンとは限らない
◉伝えたいことが伝わらない（字幕などの工夫）
◉媒体ごとに受け入れやすいクリエーティブは変わる
動画広告は幅広い目的に対応し、深い視聴体験を提供可能です
ターゲットにとって価値のある視聴体験を提供することを特に意識しましょう

動画広告のクリエーティブ

動画広告は大注目だという話をしましたが、波野さんの会社のように食品関連の広告には動画のほうが人の感覚を刺激する「シズル感」が出せます。

確かに、焼肉のジューって焼けるところとか、トロ～っと伸びたチーズとかめちゃくちゃそそられます。でも、動画って、制作にお金がかかる感じがします。うちみたいな会社でもできますか？

予算をかけて動画をじっくり作り込むのも、会社のブランディングとして大切だとは思いますが、一方でコストをかけずに速やかに複数の動画を作り、広告を実施しながらより良いものを見つけていくという方法もいいと思いますね。

さっきのＰＤＣＡを速いサイクルで回すというのは、ここでも同じなんですね。

私の会社でも、実際にリーズナブルな料金で動画を制作することを提案しています。とにかくやってみることです。それを繰り返すことで、目に見えた成果も出てきますから。あと、SNSでユーザーさんの発信したものを広告として使わせてもらうという方法もありますね。これ、**UGC（ユーザー生成コンテンツ）**っていうんですけど。

うちの商品も、お客様が自分でアレンジしたお料理とかをSNSにアップしてもらえたらいいな。

広告施策は組み合わせが勝負の鍵

動画広告もちょっとできそうな気がしてきました。

一つひとつの広告手法を知ることも大事ですが、それよりもっとトータルな視点を学んでいただきたいんですよね。

インターネット広告というのは、何か一つだけ打って終わりというものじゃなくて、いろいろな広告を組み合わせ、トータルに組み立てていくものなんです。

なるほど、トータルに見ることができると、次はどうすればいいのかも考えられますもんね。

先ほど検索広告の話をしましたが、「指名キーワード」の検索広告が何よりも成果が良いのは当たり前なんです。レジャー施設に車で行く時に入口付近に「あと1㎞」みたいな電柱広告がありますが、指名キーワードの検索広告はそれに近いもので、すでに近くまで来てくれている相手が対象ですから、本来ならお金をそこにかけたくないレベルの広告なんです。

確かに。すでに施設のそばまで来てくれている人よりも、施設の存在を知らない人に広く知らせるためにお金を使いたいですよね。

でも、「あと1㎞」の広告がないとお客様が迷ってしまうので、ちゃんと施設まで来てもらえるようにしたいですよね。「指名キーワード」の検索広告は、そのための広告だから、「守り」の施策なのです。

なのに、「指名キーワード」の検索広告の成果の数字をもとに次の広告の施策を考えると、どれもハードルが高く感じられてしまいます。実は、**どうやって「指名キーワード」で検索してもらえるようになるか？　指名キーワードでの検索数を増やすか？　そのためには、どんな組み立てにするのがいいかを考える必要があります。**そうでないと拡大しないのです。

入口付近の看板まで来てくれる人を増やしていくために、いろいろな広告を組み合わせていくということですね？　そこが難しい部分なんだ！

例えばある商品について、インスタグラムで広告を見たことがあったり、ツイッターでフォロー＆リツイートキャンペーンに出くわしたりしても、すぐに買うとは限りませんよね。その後、指名キーワードで検索して、サイトでじっくり見て、少し悩んで購入するものです。特に高額商品は検討期間がながいので、その傾向がつよくなります。

私もそうしますね。広告でその商品が気になっても、やっぱり自分でいろいろ検索してから買いますね。

この場合、インスタグラムの広告やツイッターのキャンペーンは、購買への貢献があるにもかかわらず、分析から漏れることがあります。

そうですよね。インスタグラムやツイッターで商品に関心を持ったから、「指名キーワード」で検索するわけで。

アドエビスなど有料の分析ツールを使うと、インスタグラムを見て、後に検索広告の指名キーワードをクリックして購入したという流れを把握することができます。

サッカーでＦＷの選手がゴールを決める前に、素晴らしいパスがあって得点につながることをアシストといいますね。この**アシスト効果をデジタルマーケティングではアトリビューションといいますが、分析で可視化できればビジネスの拡大への大きなヒントになりますし、複数の媒体を組み合わせて施策を実施しても評価がしやすくなります。**

「何で入口まで来てくれたのか？」が大切なのです。

何を見て「あと1㎞」まで来たか、ですね？

先ほども言いましたが、運用型の広告というのは、いつでも変更が可能です。頭の中で計画したプランを実際にやってみて、見当違いだったら次のことを考える。ＰＤＣＡのサイクルがすごい速度で回っていくというイメージです。

広告を打ってみて、「これは良かった・悪かった」を次の広告に活かしていくんですね。

そうです。それで良い結果が出たところに対して予算を厚くしていくわけです。

そうやって拡大していかないと事業は大きくなりませんし、デジタルによって他の広告よりは投資対効果が見える化されることを、しっかり活用していきましょう。

ちなみに、運用型が8割ということですが残りの2割は？

従来、広告といえばすべてが予約型広告だったと言っても過言じゃないです。新聞広告でも、雑誌広告でも、「何月何日に、この新聞、雑誌に広告を出します」ということを、広告代理店に伝えて、あらかじめ広告枠を予約して掲載していました。インターネット広告でも予約型というのはまだ残っていますよ。

例えば、どんなものですか？

スマートニュースやヤフー・ジャパンでかなり目立つ大きな広告は予約型です。その他、子育ての内容に限定するなど、特定のジャンルに強いウェブメディアにバナーを掲載するとか、記事を書いてもらってタイアップするなども予約型ですね。小規模にインターネット広告を展開してみるといった状況の場合は、運用型でターゲットを絞った施策がやはりオススメになります。

新規のお客様獲得に役立てたいリターゲティングのコツ

わかりました。あの、先ほどユーザーが何を見て入口まで来たかを分析するツールがあるというお話でしたが、入口まで導くような方法は他にもありますか？

自社のウェブサイトを見たことがある人を追いかけることができる方法として、「リマーケティング（サイトリターゲティング）」という方法も活用できます。

これを応用すると「購買した人にウェブ上の行動、属性が近い人（類似拡張）」や「購買していない人に追いかけて広告を出す（リターゲティング広告）」といった方法も取り入れることができます。

そういえば、一度チェックした商品のバナー広告が、ものすごく出てくるようになったことがあります。

そうです。それです。これは使い方で良いほうにも悪いほうにも転ぶので少し要注意ですね。あまりにしつこいと逆効果でお客様に嫌われてしまうこともあります。

私も、商品を購入した後もずっと同じ商品の広告が出続けたことがあって、ちょっとうっとうしかったですねー。

ですよね。媒体によってはサイト閲覧から540日間追いかけることができるので、ひどい時は相当の期間広告が出続けることになりますね。

ですから、**私がリターゲティング広告の設定方法としてオススメしているのは、まず、「サイト来訪から1週間以内かつ購入完了（コンバージョン）ページを閲覧していない」**

という設定です。これなら、最近サイトを見てくれて、買っていない人にだけ広告を出すことができるので、新規のお客様の購入につなげやすくなります。

そんなふうに細かく設定できるのですか？

そうなのです。リターゲティング広告というのは、一度サイトを来訪した人に対して広告を出しているので、**サイトに来たことがない人にターゲティングするよりもコンバージョン数が多く取れ、獲得単価が安くなる傾向にあります。**

確かに、一度もサイトに来ていない人にアプローチするよりも、成果が期待できそうですね。効率が良さそう！

ただ、獲得単価ばかりを見ていると、リターゲティング広告に予算を割きすぎてしまうことも、実は珍しくはないのです。リターゲティング広告で購入（コンバージョン）の数字は好調だけど、よくよく調べてみると既存客ばかりで新規が増えていないという現象があったとすると、ビジネスの拡大に貢献していないことになります。

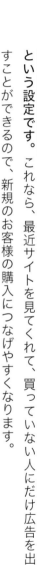

リターゲティング広告の設定が、「来訪から５４０日」とだけ設定されていたりすると、そのようなことになりますね。

既存顧客にはＣＲＭ施策ですもんね。新規のお客様を増やす広告にしなくちゃいけないですよね。

広告は新規のお客様を獲得するためという目的意識がしっかりあると、構成は変わってきますよね。**新規客の獲得施策であるという明確な目的が示されていればリターゲティングは、むしろ広告配信先から除外する対象として利用するほうが良い**ということになります。

そんなこともできるのですか？

ターゲティングの設定としてはこうなります。

（例）女性向け商品

ターゲット：女性　除外：ウェブサイトへの来訪から５４０日間のリスト

なるほど～、ターゲットを設定する時に、あえてリターゲティングで追いかけられる方たちをリストから外すわけですね。

そうすると、今までサイトを見てくれたことのない女性の方（新規）にのみ広告が発信されることになりますね。

　その他ターゲティングはそれぞれの媒体が持つデータを活用することになりますので、位置情報データを活用して「よくスーパーを利用する人」とか、もっと具体的に「この施設を利用している人」ということをターゲティングに利用できるものもあります。

位置情報のターゲティングはジオターゲティングとも言われています。

さまざまなデータを活用して誰に向けて情報を発信するのかを絞り込んでいくと、より効率的な施策ができますね！

リターゲティング広告は、リターゲティングという手法を使った広告

一度なにかの商品が気になってWEBサイトを見ると、その商品の広告をしつこく目にした経験はありませんか？　それは、リターゲティング（リマーケティングともいう）です。

一度、WEBサイトにアクセスすると、その情報がマーキング★される。

マーキング★されている人がネットサーフィンをしていると広告が出る。

リターゲティング広告はリターゲティングという手法であって、広告媒体の名前ではありません。Cookieというデジタル技術でマーキングされた人に絞って広告を出すことができる方法です。
GoogleAdsで最大540日、Facebookで最大180日、ユーザーのデータ（上の図のマーキング）が保持されているので、出稿の仕方次第では相当しつこく広告が出続ける場合があります。

リターゲティング広告の活用例
リターゲティングは下記のようなリストを媒体管理画面で作成、管理して広告のターゲティングに利用します。

広告媒体でのリターゲティングリスト（イメージ）
・WEBサイト来訪者全員（540日）
・WEBサイト来訪者全員（7日）
・WEBサイトの特定ページを閲覧した人（540日）
・WEBサイトの特定ページを閲覧した人（7日）
・購入した人（コンバージョンユーザー）（540日）

組み合わせ（例）
【例１】過去に来訪した人に新商品を告知する場合
→「WEBサイト来訪者全員（540日）」に広告配信

【例２】新規のターゲットに対して、商品やブランドの認知を促進する場合
→〇〇に興味のある人から「WEBサイト来訪者全員（540日）」を除外して広告配信

【例３】ネット通販での刈り取り（実際に商品の購入につなげること）を促進する場合
→「WEBサイトの特定ページを閲覧した人（7日）」から「購入した人（コンバージョンユーザー）（540日）」を除外して広告配信
またこのデータを使って、類似した新規のターゲットを作ることもできます
（例：商品を購入した人（コンバージョンユーザー）（540日）の類似拡張）

広告を打つ前に何を決めておくべき？

ターゲティングが大事というのはわかったのですが、そのほかにも決めなくちゃいけないことってたくさんあるんですか？

そこなんですよね。インターネット広告というと、すぐに、「マーケティング的な目標を設定しなくちゃ」と言う人は多くいるですが、そんなに難しく考えなくてもいいんじゃないかなと思うんですよ。

どういうことですか？

波野さんみたいに、初めてインターネット広告を担当するという人に、「マーケティングの目標数値を設定して」と言っても、それは厳しいですよね。

はい、今言われただけで動揺しています。

この目標数値のことを、ＫＰＩというんですけど、最初から決めておくというのは無理があります。とにかく、最初はやってみることが大事です。

広告代理店に依頼すれば、広告実施の前にシミュレーションを過去の事例などをもとに算出してくれますが、全く初めての商品で、初めてのターゲティングの場合、シミュレーションは正直当てになりません。私もクライアントから「会社に申請しないといけないので、出してくれ」と言われることが多いので出してはきましたが、結果としては大きく乖離することは珍しくないのです。実際シミュレーションには必ず「成果は保障するものではありません」と書いておくようにしています。

でも、やみくもに始めるのは良くないんですよね？

そうですね。そこで、まず**決めてほしいのは数値目標ではなく「目的」です。**最近の運用型広告のほとんどで広告キャンペーンを設定（入稿）する際に、「目的」を設定するようになっています。

例えば、ネット通販広告であれば「購買目的」ですし、より多くの人と接触したいとか、商品やブランドを知ってほしいという場合は「認知目的」、まずはウェブサイトにできるだけ多くの人に来てもらいたい場合は「クリック目的」になります。SNS系の場合はSNSの中で反応（エンゲージ）を高めたいというのも目的としてありえますので、その場合は「エンゲージ目的」となりますね。

そういう目的なら決められます。

この**目的設定はとても大事で、ここを間違えてしまうと、商品やブランドを知ってほしいという場合は、広告のパフォーマンスは大きく変わってしまいます。**

「認知目的」のつもりで「動画再生」を目的に設定すると、動画の再生数はすごく多くなるように広告配信されます。この結果、クリックがあまりされないというケースが当然出てきて認知を広げる効果があまり得られなかったりします。しかも、結果としてクリック単価がものすごく高くなる場合もあります。一方、「クリック目的」で広告配信すると、クリック単価は適度な価格に抑えられるようになります。

設定の仕方一つで、単価や広告の効果が変わってくるのですね。

特にSNS系の広告では気を付けたいところですし、2020年にヤフーの運用型広告もリニューアルして、YDAと呼ぶようになりましたが、目的設定ができるようになったこともリニューアルの大きなトピックスだったのです。

私の場合は、まず新商品を知っていただきたいので、「認知目的」ってことですか？

そうですね。それで、テスト的に割と少額で実施してみて、「目的に対してどれくらいの単価で実現できるか？」が確認できれば、媒体側で機械学習機能が進んできていますので、その後の予算を増額させた場合でも、同じような単価や率でうまく回り始めることが多いですね。

広告を打つ時もまずはお試しですね！

KPIというのは、企業が求めるゴールの途中指標にすぎません。（図表18）

企業の求めるゴール（＝KGI）は基本的には利益ですから、**仮にKPIを達成していてもゴールに近づいていなかったとしたら柔軟に変更したほうが良いですし、精度が高**

まってくればKPIをよりゴールに近づけるものに変更したほうが良い場合もありますね。

例えばKPIが仮にウェブサイトのページビュー（PV）数としていたとしても、その後の販売や資料請求、実店舗への集客に貢献していないとすると、「そもそもPVがKPIでよかったのか？」という見直しが必要になりますよね。

また、ネット通販の場合は、販売数とそれにかかったコストである獲得単価（CPA）をKPIとして達成していたとしても、お客様の購買が一度きりで継続がなければ会社としては利益が出ません。「広告で期

図表18　KGIとKPI

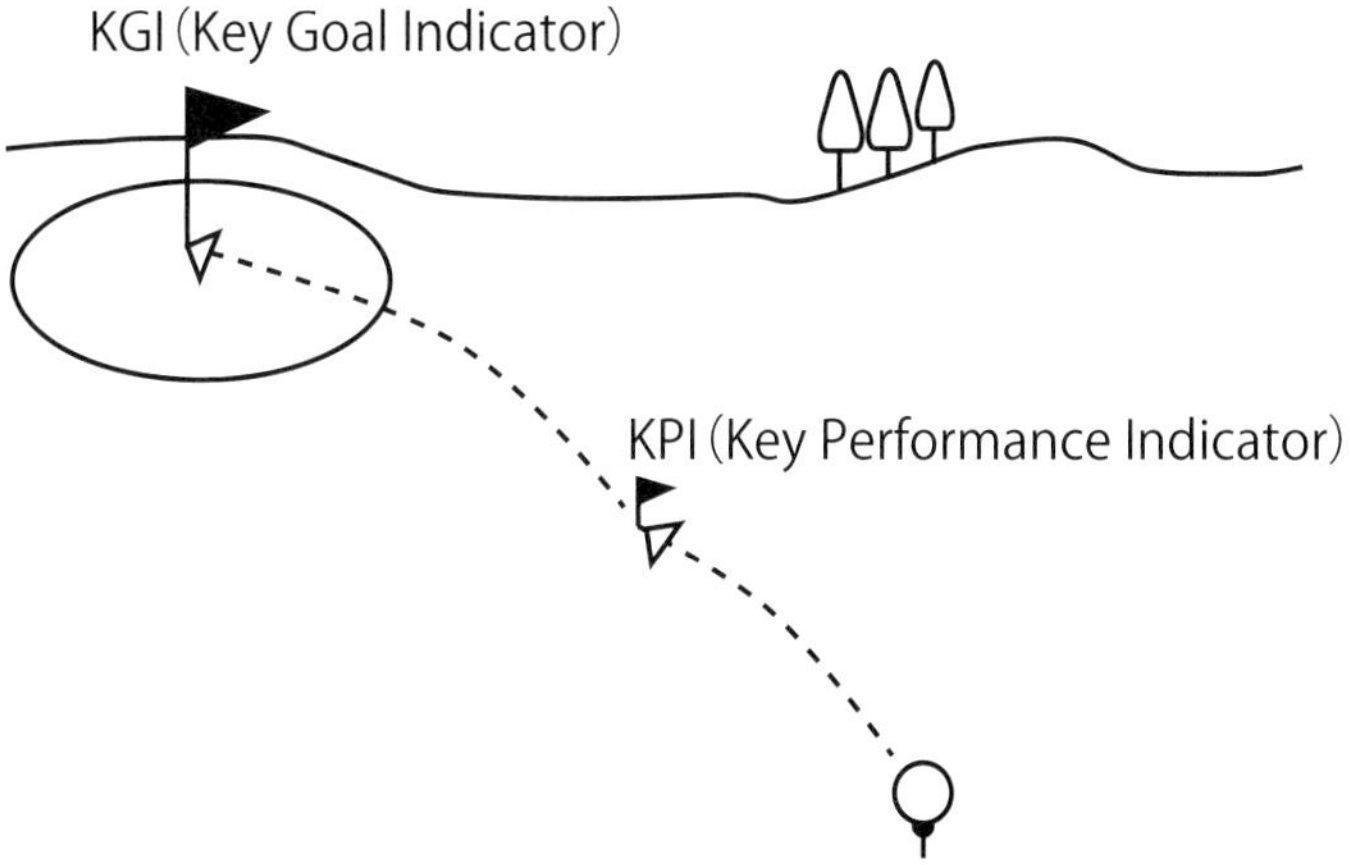

待させたことが実際の商品とかけ離れていて、がっかりさせた」であるとか、「広告よりもＣＲＭに課題があった」とか、「利益を上げる」という**ゴールを見失わないことが大切です。**

広告の良し悪しって、何で判断する？

ただ、何を基準に判断すればいいんでしょう？　感覚的なもので判断するわけにはいかないですよね。私も、会社員として、ちゃんと上に報告しなくちゃいけないし。

この時の判断基準としてインプレッション数（ｉｍｐ）、クリック数（ｃｌｉｃｋ）、コンバージョン数（ＣＶ）です。これらの割合と、費用対効果から、その広告の効果の有無を判断していきます。

ふぅ～、デジタルの略語が多くなってきました。

英語が多いですが、インターネット広告では、こうした言葉がよく出てきます

図表19　インターネット広告に出てくる用語と何の数値か？

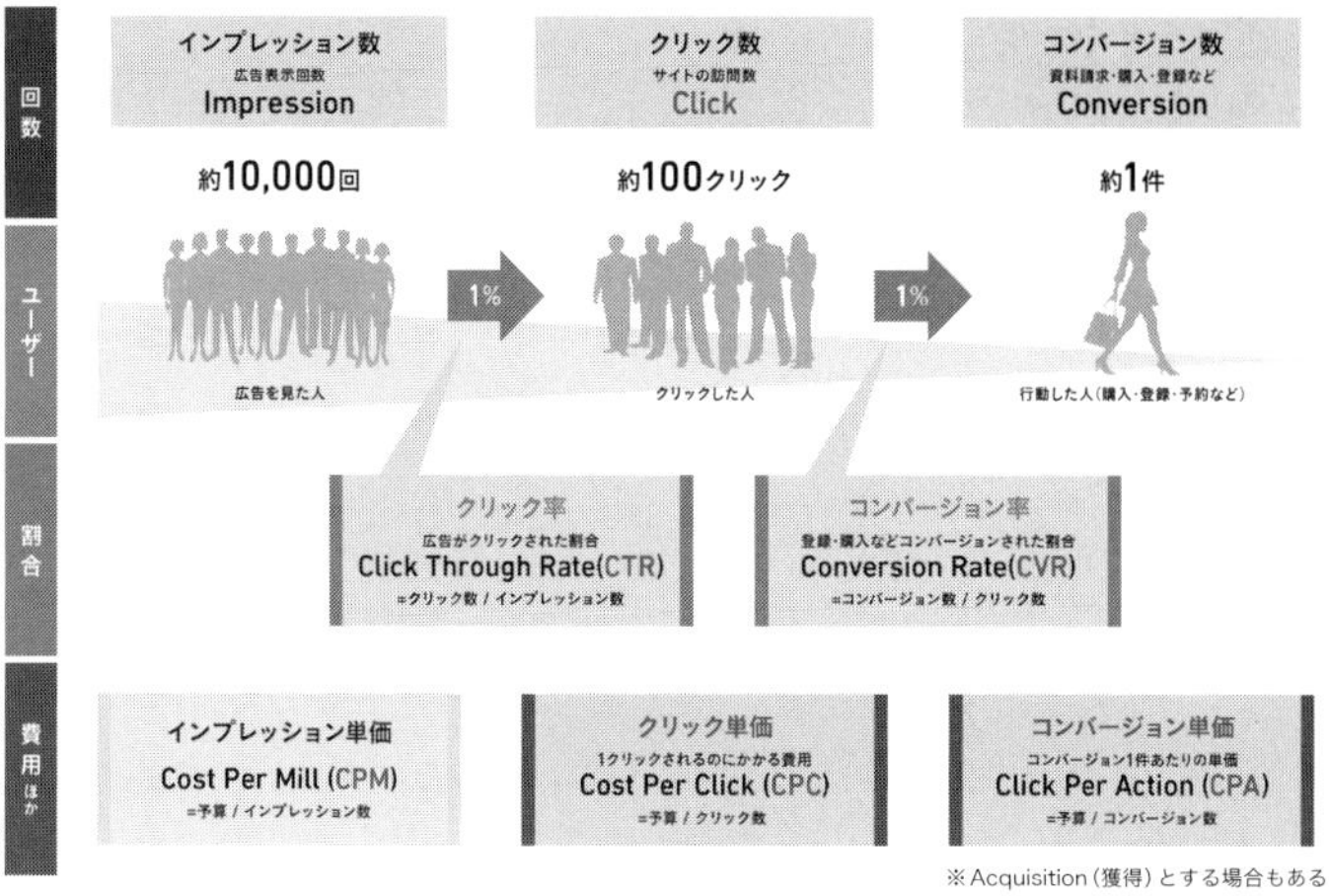

※Acquisition（獲得）とする場合もある

（P164）ので、ぜひ覚えておいてください。流れは上の図表19で説明しています。

なるほど、順をおって覚えていけば大丈夫かも。

運用型広告は組み合わせてプランを立てるといいましたが、いろいろな媒体や広告表現を試しながら、実際にクリック率（インプレッション数の中で、実際にクリックされた割合）、コンバージョン率（クリックされた中で、コンバージョンされた割合）はどうだったのか、中でも一番重要なのはコンバージョンを獲得するための単価（CPA）はどれ

くらいだったのかを検証していきます。

シビアに数字でみて、数字で客観的に分析するのは大事なことですよ。会社としては、**できるだけコストをかけずに多くのコンバージョンが得られるほうが良いわけですから、効率良く成果の得られる方法を探していかないといけませんよね。**

ネット通販の場合は「購入完了ページへの到達」をコンバージョンとしますから、常にCPAの話をしていますが、「認知目的」の場合はコンバージョンよりもリーチ（ユーザーが広告を見ること）にかかる単価や動画の視聴完了の数を見る場合もあります。

じゃあ、うちの会社の場合も、リーチ数や単価をチェックしなくちゃですね。

「認知目的」であったとしても、ウェブサイトにはいろんな仕掛けができますので、「より深い興味をもった」という意味でのコンバージョンをウェブサイトの中のリンクのクリックに設定するなども検討をしたほうが良いと思います。

そんな方法もあるんですねー。インターネット広告って、できることがいろいろあって面白いですね。うちの商品の広告はどんな組み合わせがいいのか、検証しながらやって

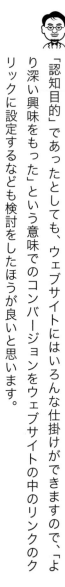

みたくなりました。

ネット通販での販売促進では、広告媒体が提供しているコンバージョン計測は当然大切ですが、ネット通販でない場合も、クリックでのコンバージョン計測を導入してみるなど、可能な限り効果測定はしたほうがいいですね。

ウェブサイトの一般的な効果測定ツールとしては、グーグルアナリティクスが代表的です。グーグルアナリティクスに関しては専門書も出版されていますので、機会のある時に勉強してみてください。

また、効果測定ツールと併せて、グーグルタグマネジャー（Ｐ１３４）を導入すると、ウェブサイトのトラッキングコード（タグ）が一元管理できて便利です。

本格的にデジタルマーケティングに取り組むなら導入しておきたいGoogleタグマネージャー

Googleタグマネージャー（以下GTM）は、WEBサイトに設置するさまざまなトラッキングコード（通称タグ）を整理、管理しやすくするものです。

しかも利用料金はかかりません。

例えば、GoogleAdsとYahoo!広告とFacebook広告を実施する場合、WEBサイトには下記のタグを設置することになります

Googleアナリティクス
GoogleAdsリマーケティングタグ
GoogleAdsコンバージョンタグ
Yahoo!リターゲティングタグ
Yahoo!コンバージョンタグ
Facebookピクセルタグ
Facebook個別タグ（購入やカート挿入など）

これらを直接数百、数千ページあるWEBサイトに設置することは大変な作業ですし、管理も難しくなります。設置のたびにWEB制作会社の設置作業費を支払う必要も出てきます。

ところがGTMを導入すると、GTMのタグのみをWEBサイトの全ページに設置すれば、その後はGTM内の管理画面から各種タグを管理することができ、「どこでどのタグが発動（発火）すればいいか？（これをトリガーと言います）」を設定すればよくなり、効率が上がるだけでなく、「このページのこのリンクをクリックした場合にコンバージョンとカウントする」等の高度な設定が容易に実現できます。

第5章

インフルエンサーってよく聞きますけど？

インフルエンサーって誰のことですか？

山口さん、ＳＮＳとかを使う時に、よくインフルエンサーって肩書きの人が出てきますよね？　実はこの間の会議で、部長に「ほら、あのインフルエンサーっていう人にお願いしてみたら？」って言われまして。実際、どうなんですかね？

インフルエンサーは、たくさんのフォロワーがいて話題になりやすいので、マーケティングに活かすという手法もありますよ。

でも、私にはそんなにフォロワーのいる知り合いもいないし、どうやって探せばいいんでしょう？　それに正直、インフルエンサーってちょっと怪しいって気もして。

いろいろなタイプの人がいると思いますが、インフルエンサーのことなら、いい人を紹介しますよ。南さんっていうんですけど、化粧品や清涼飲料など、ＳＮＳを使ったブランドのプロモーションをたくさん手がけている人です。インフルエンサーのことも詳しいですよ。

お話、聞かせていただけるんですか？

一緒に聞きに行きましょう。

インフルエンサーマーケティングってなに？

南さん、今日はインフルエンサーマーケティングについて聞かせてください。

よろしくお願いします。あの、早速なんですが、今、山口さんが言ったインフルエンサーマーケティングってどんなことをするんですか？

インフルエンサーマーケティングは、インスタグラム、ツイッター、ユーチューブなどで、フォロワーの多い人、ファンをたくさん持っている人を活用して、クライアントの商品を紹介してもらうというのが大枠です。

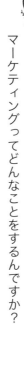

実際に商品を使ってもらい、インフルエンサー自身のSNSで投稿してもらったりするんですよ。

SNSだけじゃなくて、テレビCMやウェブのバナー広告等、そういうものにインフルエンサーに出演してもらうこともあります。昔ならタレントの出演がほとんどでしたが、今はインスタグラマーやユーチューバー、場合によってはバーチャルユーチューバー、バーチャルインスタグラマーという人たちも登場してきて、そこまでフォロワーやファンが多くなくてもインフルエンサーとして起用され始めています。

インフルエンサー選びは属性が大事

インフルエンサーを活用するメリットでどんなことでしょう?

商品の宣伝を安価にできるのが一番のメリットですね。それに、広告の場合は企業側が一方的にメッセージを伝えることになりますが、**インフルエンサーという第三者の視点から発信することで情報の信憑性が増し、それがユーザーの印象にも残るんです。**

インターネット上は広告が溢れていますから、単純な広告は見向きもされません。でも、「オシている○○さんが、これがいいと言っている」というと、それが世の中に広まっているように感じるんですよね。昔の雑誌でいう編集タイアップ企画がインフルエンサーの起用に変わってきたというところかな。

なるほど、インフルエンサーが言うことだと、説得力があるということか。

南さんの手がけた事例で、何かわかりやすいものがあれば教えてくれませんか。

そうですね。ある高級化粧品メーカーの例ですが、もともとはミドル世代に人気のある女優さんを広告塔に起用した大人の女性向けの化粧品で、ユーザーもほとんどが上の世代だったのですが、5、6年前から20代、30代のタレントにＳＮＳで投稿してもらうなどのキャンペーンに力を入れた結果、数年後には30代前半のある程度お金が自由に使えるユーザーに浸透させることができました。テレビＣＭでメッセージを伝えるだけでなく、ＳＮＳでタレントやインフルエンサーが商品を紹介することで成功した、わかりやすい事例だと思います。

また、これは商品のプロモーションの施策ではないですが、クライアントのオウンドメディア（企業が自ら運営するメディアのこと）を充実させるために、インフルエンサーを活用してクライアントの公式インスタグラムのフォロワー数を増やすお手伝いをしたこともあります。

クライアントは知育玩具メーカーでしたが、イラスト系インスタグラマーのインフルエンサーを起用して玩具の遊び方をイラストにしてもらい、そこから「詳しい情報はこちらで」と、クライアントのオウンドメディアに遷移できるようにしたんです。その時は1週間くらいで５０００フォロワー程増加しました。インフルエンサーはそういった使い方もできますね。

いろんなインフルエンサーがいるんですね。でも、たくさんの候補の中からどんなふうに選んでいるんですか？

そうですね。クライアントの商品とか、訴求したいメッセージによって提案することが多いです。一般の人がインフルエンサーになったりしますから、本当に誰でも活躍できる時代ですよね。

事務所とか入っていない、一般の人にも頼めるんですね。

一般のユーザーに近い感覚で広告を打ちたい時は、一般のインフルエンサーを起用することもあります。

ただ、一般のインフルエンサーの場合は、若干リスクがありますよね。

クライアントの伝えたかった内容と全く違うことを投稿してしまうことがあったりしますね。キャスティングをする立場からすると、事務所に所属している人はマネージャーが管理してくれるので安心して使えます。一般のインフルエンサーに比べてコストはかかりますが、安心を取るなら事務所に所属している人ですよね。

とはいえ、**投稿はインフルエンサーがするものなので、たとえ事務所に所属している人でも100%コントロールはできない**んです。クライアントがここを伝えたいと言っても、インフルエンサー側がNGの場合もあります。

ところで、インフルエンサーの人って何か基準があるんですか？　事務所に所属するならフォロワーが何人以上いないとだめとか。

基準はないけれど、**基本的にインフルエンサーマーケティングでは、フォロワーが1万以上のインフルエンサーを活用することが多い**んじゃないかな。

事務所の規模もまちまちで、フォロワー数1万人以下のインフルエンサーを中心に集めている会社もありますし、マイクロインフルエンサーと呼ばれる1万から10万くらいのフォロワーを抱えているインフルエンサー会社もあります。

かっちりと定義が決まっているわけではないんですね……。例えば新商品のプロモーションでインフルエンサーを起用する時って、何か気をつけることはありますか？

インフルエンサーの属性は調べますね。**フォロワー数だけで判断すると、クライアントの商品とかけ離れている投稿をされたり、インフルエンサーのフォロワーがクライアントの商品に興味を示さないというケースもあります。**

例えば、アンチエイジング系の化粧品を20代前半のファンが多いインフルエンサーに投稿させても、全く商品に響かなかったりもするので、商品とユーザーがマッチしているかどうかは重要ですよ。

あと、最近ＳＮＳでは、投稿インサイト（図表14）といってインフルエンサーの投稿のインプレッション数やリーチ数、エンゲージメント数（フォロワー数に対するいいね、コメント数がどのくらいの割合で出てくるか）などの情報を見ることができます。こうした細かい数字も把握するようにしています。

属性を知った上で、クライアントの商品とマッチする人をキャスティングするわけですよね。特にどの辺をチェックするんですか？

まず**男女の比率と年齢は必ずチェック**します。コスメのプロモーションですと、20代や30代、40代とか。

やっぱり、インフルエンサーによって「私はこれが得意です」とかもあるんですよね？

そうですね。ただ、インフルエンサー自身が思っていることと、分析ツールで客観的なデータを調べてみると乖離があったりもするんですよ。

あと、事務所が「20代半ば～30代に人気の雑誌に出ています」と言っていても、実際に調べてみると、20代前半のフォロワーが多かったり、大半が40代だったり。実際にユーザーデータを細かく見て分析を行なっています。

雑誌などに出ている人だと、その雑誌の読者層に合っていると考えがちですが、そこはきちんと分析しなくちゃいけないんですね。

そういう分析が必要なんだ……。私でもできますか？

分析ツールを使わないと難しいですが、こうした分析ツールを使用する場合、月額で20万～50万円くらいのコストがかかります。

また、仮に費用をかけて導入したとしても、基本的な知識がないと、数値から情報を読み取るのは難しいでしょう。そういう時は、プロのインフルエンサーマーケティング会社に依頼するほうがいいと思います。

分析ツールを使えば、先ほどの性別や年齢など、属性がわかるんですか？

年齢、性別、地域、それにインフルエンサーがどういうハッシュタグで投稿されているかなどがわかります。

インフルエンサーに投稿を頼むといくらかかるの？

ちなみに、分析をインフルエンサーマーケティングの会社にお願いすると、どのくらいの費用がかかるんでしょう？

会社によっても内容によっても違います。

例えば、インフルエンサーにクライアントの商品を渡して、インスタグラムのフィード投稿（通常の投稿）を依頼した場合、一人のフォロワーにつき2円というところもあれば、6円というところもあります。大体5円くらいが相場じゃないでしょうか。この単価の中にインフルエンサーのアサインや、属性の分析リストの作成、それに、ディレクションフィー、レポーティングなどが含まれます。

インフルエンサーが投稿した内容を、クライアントが他のメディアで使いたいということもありますよね？　そういう料金は別途でかかるんでしょうね。

プラスアルファについては、インフルエンサーと相談ですね。あと、今はインスタグラムのフィード投稿を例にお話ししていますが、ストーリーズやインスタライブだと料金も変わってきます。

フォロワーが1万人いるインフルエンサーにフィード投稿をお願いする場合、単価5円なら合計で5万円？　そんなにリーズナブルにできちゃうんですか？

実際はミニマムで50万円、高くて３００万円くらいの予算で実施するクライアントが多いですけれどね。

1万人のフォロワーのインフルエンサーを10人起用して50万円とかですね？　あ、例えば、10万人のフォロワーのいる人を一人お願いしても同じ50万円になりますが、そこはどうですか？

クライアントの要望によっても違いますよね。より流行感を出したいのであれば、1万人のフォロワーの人を10名、エンゲージが高くより熱量を多く持ったファンがいるインフルエンサーに紹介してもらう場合は、10万人のフォロワーがいる人を選びますね。

キャスティング会社はいろいろあるとおっしゃいましたが、自分で会社を選ぶ時の判断材料になることはありませんか？

インフルエンサーマーケティングの会社の場合、一人のインフルエンサーがいくつかの会社に重複して登録していることもあります。その中からどの会社を選ぶかは、費用と属性分析が目安になると思います。

　とりあえずコストを抑えてやってみたい場合は、価格の安いところに頼む方法もありますし、レポートの分析をしっかりとみていくなら、そういうサービスまでセットで行ってくれるところに頼むほうが良いですよね。

インフルエンサーを起用する時の注意点

投稿内容って、何かルールみたいなものがあるんですか？

ステルスマーケティングにならないようにというのは注意します。業界としては、口コミマーケティング協会というところがあり、そこで定められているルールもあります。**気をつけたほうがいいのは、クライアントの伝えたいイメージをそのまま投稿させないこと。インフルエンサー自身のオーガニック投稿のほうがユーザーの反応は良いので、広告色を中和してそこに近づけるのが大事です。**

文章の書き方や言葉遣いも、インフルエンサーに任せたほうがより良いものになります。投稿をガチガチに縛らないのは結構重要なポイントですね。ただ、これはインフルエンサーを起用する時のリスクでもあります。投稿内容はインフルエンサーが決めますので。

広告イメージの中和って、投稿内容を事前にチェックしたりできるんですか？

基本的にはオリエンシートを用意して依頼します。化粧品関連のクライアントですと、投稿内容が薬機法にひっかかる場合があるので、ＮＧワードを使わないようにしてもらうとか。依頼したあとはインフルエンサー本人にお任せすることが多いですね。

投稿の回数はどう決めるんですか？

実施する施策によってですね。例えば、「1か月間旅行をして、週に1回投稿して」といった頼み方もあります。投稿回数に応じて金額は積み上がっていきます。

旅行先でインスタグラムを投稿するって楽しそうですよね！

確かに、旅行案件はインフルエンサーのモチベーションが上がりますね。旅先で自分のペースで投稿できる場合は、インフルエンサー自身も楽しんでいるので、こちらが期間中にお願いした投稿回数以上に、自分のオーガニック投稿を上げてくれたりします。

投稿回数が増えると、料金がアップしませんか？

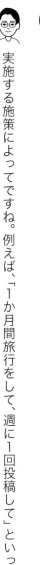

投稿内容に要望を出せば料金がかかりますが、インフルエンサーが個人的にアップしたオーガニック投稿にはかかりません。

旅案件にディレクターが同行する場合もありますよね？

そういうパターンもありますね。クライアントから、「旅行の途中、この施設のここは絶対写真に撮ってほしい」といった細かい要望がある場合は、ディレクターが同行したほうが安心ですよね。それで別途費用をいただいて同行することもあるのですが、「このインフルエンサーなら大丈夫」という場合は、大抵インフルエンサー本人にお任せします。

あと、私の会社は食品メーカーで、新商品の宣伝を任されちゃったんですけれど、インフルエンサーに商品をお渡ししたら、絶対投稿してもらえるんですよね？

単に商品を渡すだけで、投稿するかどうかはインフルエンサーに任せるという方法もあるにはあります。**商品の品質が良いとか、本人がもらってうれしいものであれば投稿し**

てくれるケースもありますし、逆に単価が安い商品等ですと、本人の興味が湧かずに投稿しない場合もあります。

費用的には会社にもよると思いますが、10人にサンプリングして10万円とか、１００人のインフルエンサーを集めて50、60万円ということもあります。「この人には絶対投稿してほしい」という人を通常の施策にプラスしてキャスティングすることもありますね。大抵「どうしますか？」とクライアントに確認すると、「確約して書いてもらったほうがいいです」という話になっていくことが多いですけれども。

インフルエンサーマーケティングを成功させるには？

いろいろ教えていただいてありがとうございます。私もこれから広告宣伝のことを考えていかないといけないんですが、インフルエンサーマーケティングにも興味が湧いてきました。これを成功させる秘訣みたいなものってありますか？

先ほどもお話ししましたが、広告宣伝したい商品のターゲットと、インフルエンサーの持っているフォロワーが合っているかどうか。そこをしっかり見極めることです。

例えば、コスメ系のインフルエンサーを起用する場合に、一人は自分がメイクしている様子を投稿する読者モデル的な人、もう一人はコスメを使って「このコスメはこうだった」「試して良かった」とレビューする人が候補にいたとします。どちらもコスメですが、投稿を見にきているユーザーには違いがあります。後者の投稿を見にきているユーザーのほうが、実際に化粧品の購入を考えている可能性は高いでしょう。

フォロワーがそのインフルエンサーの何を見にきているかを把握しないと。投稿のインサイト情報をしっかりチェックすることが大事ですね。

フォロワーがどのくらいその投稿を見たのか、どのくらいが興味を持って投稿を保存したのかも重要です。**起用するインフルエンサーの過去の実績やデータを踏まえて、目的に合ったインフルエンサーを選ぶのが成功の鍵と言えます。**

もう一つは、何を目標としてやるかを明確にしておくことも大事ですね。

例えば、「なんとなく流行ってる感じを出したい」という場合なら、通常のフィード投稿でいろんなインフルエンサーに書いてもらうと、ある程度のトレンド感は醸成できます。でも、「どのくらいの人がその投稿を見て、どのくらいの人が実際に商品を購入したか」まで見極めていくのであれば、ストーリーズを活用した方法がいいと思います。インフルエンサーにＵＲＬを貼ってもらって、計測タグを活用してそれにどのくらいの人が興味を持ったとか、コンバージョンがどれくらいだったとかも分析できるので、こうした方法を提案することもできますから。

最後にこれからオススメの方法があれば教えてください。

新型コロナウイルスの影響もあって、リアルなイベントが中止になっていますよね。それで、**イベントの代わりにインスタライブを広告に活用することが増えてきていますね。**ある化粧品メーカーでは、インフルエンサーを起用して、3万人くらいのフォロワーにインスタライブを配信したのですが、配信後に２００名くらいのフォロワーが商品を購入していました。フィード投稿ではクリエーティブとテキストだけでしか情報を伝えられないですが、インスタライブの場合はリアルタイムにユーザーの「使い心地どうですか？」とか「パッケージを見せてください」という要望にもすぐ応えられたりします。これが購買につながるんじゃないかと言われています。

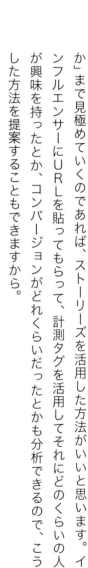

テレビショッピングみたいですね。

食品でインスタライブをやることはありますか？

ありますね。ただ、商品が調味料などでは画的に映えないし、健康食品も飲んだら終わりになってしまいます。商品としては、化粧品や調理器具、施設系や観光地などのほうが配信のしがいはあるかもしれないです。

なるほど。うちの新商品はどうかなぁ。いつかインスタライブにも挑戦できるようになりたいですね。

第6章

私に必要なスキルってなんですか？

デジタルマーケティングで、覚えておきたいこと

いろんなお話を聞いて、広報宣伝担当として何とかやっていけそうな気がしてきました。というか、楽しみになってきました！

それは何よりですね。

デジタルマーケティングって、一つひとつを詳しく勉強しようと思うと奥深いですよね。でも、全体は何となくつかめた気がします。

それで最後に、会社の広報宣伝をデジタルで発信していく担当として、私が覚えておかなくちゃいけないポイントを、改めてお聞きしていいですか？

ここまでにお話ししたことと重なりますが、ポイントを整理しておきましょうか。

まず、**広告施策を考える前に重要なのが、広告の受け皿を用意することです。**

そもそも広告の役割というのは、新しいお客様を連れてくることにあります。そして、できるだけ多くのお客様を獲得するためには、よりたくさんの人の目に触れる機会があ

るほうがいいですよね。ただ、その一方で既存のお客様とも良い関係を築いていかないと、会社や商品のファンを増やしていけません。だからこそ、ＣＲＭ施策が重要になってくるんです。

穴の空いたバケツでは水がたまらないんですよね？　ＳＮＳでファンづくりをしていくんですよね？

私も広報宣伝担当として頑張りたいです。会社のＳＮＳのアカウントを立ち上げて、お客様に喜んでいただけるような情報を発信していきたいと思います。

会社のアカウントでも、お客様と同じ目線で語れるような内容を心がけていきましょう。**キーワードは「共感」**ですよ。

友達に語りかけるような感じが大事なんですよね？

はい。「ライバルはユーザーの友達」くらいの気持ちで、情報発信をしてください。そして重要なのが、**とにかく継続すること！　です。**

昔から「継続は力なり」と言いますが、まさにこれがキーワードになると思います。例えば、ＳＮＳでも継続することが大事だとお話ししましたよね？　ツイッターやインスタグラムをアップしたけど、「フォロワーが増えない」とすぐに諦めずに、粘り強く発信を続けていくことが大事です。

お客様との関係性は一過性で終わるものではありません。続けるうちにじわじわファンが増えて、人の目につくようになっていきます。

頑張ります！

マーケティング用語に「オールウェイズ・オン」という言葉があります。**お客様との間に一時的な接点を持つのではなく、関係性を常にオンにしてコミュニケーションを積み重ねていこうという意味で使われているのですが、この姿勢で取り組むことがファンを増やしていく上でも重要**だと思います。

山口さんのお話を聞いて、始めればすぐに大きな成果が出るというものではないとわかりました。

いい結果が得られるまでには、やはり時間が必要です。

広告宣伝のアドバイスを求められた時、私はよく「小さく始めて、大きく伸ばす」という話をするのですが、運用型広告が主流となる中で、とにかくやってみて、これが良かった、悪かったという結果をきちんと検証し、次につなげていくことを実践してほしいと思っています。

はい、ＰＤＣＡを回していくんですよね。

ＰＤＣＡを回しながら、さらに良い施策を導き出す

インターネット広告は、どうしようかと躊躇しているよりも、やってみて、ユーザーの反応をみながら柔軟に対応を変えていくほうが、よりユーザーに寄り添ったものになると思います。

新聞や雑誌に掲載される広告では、担当者の仕事は原稿を入稿するまで。でも、運用型広告の場合は、入稿してからが仕事ですよ。

はい、とにかくやってみたいと思います。

実際、私のところに広告施策の相談に来る人は、インターネット広告を回す経験をしたことのない人がほとんどです。でも、実際にやってみると、「ああ、こういうことか」とわかることがたくさんあります。始める前から「これがいいに決まっている」と決めつけず、「こっちの反応が良いから、もう少しやってみようか」というように、フレキシブルな対応をしていくことで、良い結果につながる流れができていきます。

その中から、より良い施策を考えていくんですもんね。

はい。ですが、まだ活動を始めたばかりなのに、**「やってみたけど、効果があまり感じられない」とすぐに諦めてしまう会社も結構多いのです。これは実にもったいない**ですよね。

まだまだ、日本は欧米に比べるとデジタルマーケティング、デジタルツールに対する意識が低いように思います。日本の会社では、組織の中にデジタルの知識を持つ人材が少ないし、育っていないんですね。そのため、ツールを取り入れても使いこなせていな

図表20 PDCAを回す

いという場面をたくさん見てきました。

ですから、インターネット広告のお話ばかりではなく、あえてCRMやSNSのお話を先にさせていただいたのです。

私も、これから育っていかないと……。

デジタルの進化は本当にスピードが早いですから、初めてデジタルの担当になって、最新の情報や技術を押さえながら活動するのはちょっと負担が大きいかもしれません。デジタルマーケティングの会社やコンサルタントをうまく活用しながら、二人三脚でPDCAを回す訓練をしていくといいと思います（図表20）。

ありがとうございます。広報宣伝担当として少しずつできることを増やしていきたいと思います。

ツイッターやフェイスブックなどで、デジタルマーケティングに関して情報発信しているアカウントは多いですから、いくつかフォローしておくと良いですよ。そうすると何かでアップデートすると、その関連の情報が流れてきますから。今、旬なのはグーグルアナリティクスがアップデートして、ＧＡ４という新しいバージョンに関する情報も出回り始めました。個人情報保護法（Ｐ１６３）の改正なども重要な知識になりますから今後要チェックです。また、聴きなれない単語はグーグル検索すれば、意外にすぐに解説している記事を見つけられますよ。

めちゃくちゃ検索しそうです。とにかく一歩一歩ですね。

常にＰＤＣＡの意識をもち、新しい情報へのアンテナを高めておくことはとても大切です。私も一番気を付けているところです。頑張ってください。

気になるCookie問題
（解説：沖花和夫弁護士）

個人情報保護法の対象に？

個人情報の保護に関する法律等の一部を改正する法律（以下「改正法」）が2020年6月5日、国会で可決成立しました。この改正で、提供元では個人データに該当しないものの、提供先において個人データとなることが想定される情報（改正法26条の2第1項本文括弧書「個人情報関連情報」）の第三者提供について、本人同意が得られていること等の確認を義務付けられることとなりました（改正法26条の2参照）。この改正法は、成立から2年以内に施行されることになります。

この改正の結果、Googleアナリティクスなどのマーケティングのためのこookieを利用するWebサイトにおいて、Webサイトの閲覧者の同意を得る必要がある可能性が出てくることになりました。

したがって、具体的にどのような場合に、どのような同意を得る必要があるかに関しては、個人情報保護委員会が今後策定するガイドラインやQ&A等を参考に、改正法が施行されるまでに各Webサイトの運営者は対応を迫られることになると思われます。

本改正は、自身の個人情報に対する意識の高まり、技術革新を踏まえた保護と利活用のバランス、越境データの流通増大に伴う新たなリスクへの対応等の観点から行われたものですが、すでに欧州の個人情報保護規定（GDPR）ではすべてのCookieの利用について閲覧者の承諾が必要となっています。

今後は、こういった個人情報保護の流れを踏まえた上でのデジタルマーケティング、Webサイト運営が求められていくことになると思います。

デジタルの世界は情報の流れが早いので、アンテナを立ててしっかりキャッチしなくちゃ。

デジタルマーケティング

単語帳 34単語

本文の中でもデジタル用語やマーケティング用語がいくつか出てきましたが、
その他にもデジタルマーケティングではカタカナや英語3文字がよく使われます。
その中で、まず覚えてほしいと思うものをピックアップしました。

1 A/Bテスト

A/B Testing

複数のクリエーティブの効率性を試してみる

解説　クリエーティブの一部の要素だけを変更した広告やランディングページなどを複数パターン用意し、同じ環境に露出してその効果を比較し、最も効果の高いものを見つけるためのテスト。

2 Cookie(クッキー)

Cookie

ユーザー情報をブラウザに保存する仕組み

解説　Webサイトを訪問したユーザー情報を一時的に保存する(Webサイトが将来必要とするだろうユーザーの情報を、スマホやPC内にあらかじめ置いておく)仕組み。
近年は国内外で規制の動きが広がりつつある。

3 CPA

Cost Per Action (Cost Per Acquisition)

予算÷コンバージョン数

解説　獲得単価。コンバージョン1件あたりの単価。予算÷コンバージョン数で算出する。広告効果を把握する指標になる。

4 CPC

Cost Per Click

予算÷クリック数

解説　クリック単価。1クリックにかかる単価。予算÷クリック数で算出する。広告効果を把握する指標になる。

⑤ CPM

Cost Per Mill

予算÷インプレッション数×1000

解説 インプレッション1000回あたりにかかる費用。予算÷インプレッション数×1000で算出する。広告効果を把握する指標になる。

⑥ CRM

Customer Relationship Management

顧客関係管理

解説 顧客関係管理という意味。企業が顧客との間に継続的な関係性、コミュニケーションを維持するための取り組みのこと。

⑦ CTR

Click Through Rate

クリック数÷インプレッション数

解説 クリック率。広告がクリックされた割合。クリック数÷インプレッション数で算出する。広告がどれだけ効率よくクリックされたかを把握する指標になる。

⑧ CVR

Conversion Rate

コンバージョン数÷クリック数

解説 コンバージョン率。広告のクリック数のうち、コンバージョンされた割合。コンバージョン数÷クリック数で算出する。どれだけ効率よくコンバージョンされたかを把握する指標になる。

⑨ EC

Electronic Commerce

電子商取引

解説 電子商取引。Eコマースともいう。インターネットなどのネットワークを介して、商品やサービスの売買や契約、決済などの取引をすること。ECサイトは、ECを行う場所のこと。インターネット通販やオンラインショップなどはECサイトの別の呼び方。

⑩ KGI

Key Goal Indicator

大目標

解説 企業の経営戦略から導かれる、果たすべき最終目標(ゴール)を数値で示したもの。重要目標達成指標。

⑪ KPI

Key Performance Indicator

中間目標

解説 KGIを達成する過程に設定された中間目標のこと。プロセスにおける目標の達成度合いを数値で示したもの。重要業績評価指標。

⑫ LTV

Life Time Value

1人の顧客が生涯で企業にもたらす利益

解説 顧客生涯価値。1人の顧客がある企業と取引を開始してから終わるまでの全期間(顧客ライフサイクル)に、その企業にもたらした価値の総計のこと。顧客の新規獲得・既存顧客との関係維持にかかるコストと顧客の購買額の差が価値となる。

⑬ PV

Page View

閲覧回数

解説 特定のWebページがユーザーによって閲覧された回数のこと。ブラウザからの1回のリクエストでサーバーからそのページが読み込まれて表示されるごとに1 PVとカウントする。

⑭ SEO

Search Engine Optimization

検索エンジン最適化

解説 検索エンジン最適化という意味。GoogleやYahoo!などの検索エンジンで特定のWebサイトが上位に表示されるようにするための施策のこと。

15 SEM

Search Engine Marketing

検索エンジンを利用して展開されるマーケティング手法

解説 検索エンジンから自社のWebサイトにユーザーを誘引するためのマーケティング手法。本来はSEOもSEMの手法の一つだが、GoogleやYahoo!など検索連動型広告を活用した有料の施策を指すことも多い。

16 UGC

User Generated Content

ユーザーが生み出すコンテンツ

解説 ユーザーによって作成され、SNSや動画や写真投稿サイトなどに投稿されたコンテンツのこと。

17 アップセル

Up selling

より高額な商品をすすめる手法

解説 ある商品を購入した顧客、あるいは購入しようとする顧客に対して、より高額(上位)なの商品をすすめるなど、顧客の単価を引き上げるマーケティングの手法。

18 インフルエンサー

Influencer

影響力がある人々

解説 世間的に与える影響の大きいオピニオンリーダー的な存在。SNSなどで発信活動を行い、多くのフォロワーを持つ人を指すことが多い。インフルエンサーを活用したマーケティング手法を、インフルエンサーマーケティングと言う。

19 インフィード広告

Infeed

コンテンツとコンテンツの間に表示される広告

解説 Yahoo!、Facebookなど、コンテンツを上から下に読み進めていく記事フィード上で、コンテンツとコンテンツの間に表示される広告のこと。

⑳ インプレッション
Impression（Imp）

広告表示

解説 広告がスマートフォンなどのブラウザに表示（掲載）されること。広告が表示された回数をインプレッション数と言う。

㉑ エンゲージメント
Engagement

広告に対するアクションの総数

解説 顧客と企業との間の信頼関係、親密度のことを指す。主にSNSでのユーザーの反応を（いいね・クリック・リツィートなど）を指して使われる。

㉒ オーガニック検索
Organic Search

検索結果のうち、広告以外の部分

解説 GoogleやYahoo!などの検索エンジンでキーワードを用いて検索された、広告枠を含まない純粋な検索結果のこと。

㉓ オウンドメディア
Owned Media

企業が自ら所有するメディア

解説 「自社で保有するメディア」の総称のこと。自社で運営・情報発信を行うブログのようなサイトを意味することが多い。

㉔ カスタマージャーニー
Customer Journey

1人のユーザーが商品やサービスを認知してから購買に至るまでのプロセス

解説 顧客がどのように商品やブランドを知り、関心をもち、購入（会員登録）に至るのか、一連の行動や意思、感情の移り変わりを示したもの。これらをダイヤグラムや記号、イラストなどでわかりやすく整理したものをカスタマージャーニーマップと言う。

25 クロスセル
Cross Selling

関連商品をすすめる手法

解説 ある商品を購入した顧客、あるいは購入しようとする顧客に対して、別の商品の購入をすすめ、顧客の単価を引き上げるマーケティングの手法。

26 コンバージョン
Conversion

成果地点に到達すること

解説 購買プロセスにおいて、商品の購入や資料請求、会員登録など、企業が設定した成果地点に至ること。略してCVと表すこともある。

27 ステルスマーケティング
Stealth Marketing

宣伝と気づかれないように商品をPRすること

解説 ブラウザに表示された画像やテキストを見ているユーザーに、それが商品などの宣伝であることを気づかれないように宣伝するマーケティング手法。略してステマと言うこともある。

28 タグ
Tag

文章や情報の分類に用いる単語

解説 ユーザーが目的の情報に到達しやすくなるよう、Webサイトのコンテンツを分類するために設定されたワードのこと。マーケティングでは主に、Webサイトに埋め込み計測や広告用データを蓄積するためのトラッキングコードの意味で用いられる。

29 タグマネージャー
Tag Manager

タグの一元管理ツール

解説 Webサイトにタグマネージャーのトラッキングコード(タグ)を一つ埋め込むことで、複数のタグを容易に一元管理できるサービスのこと。Googleタグマネージャーが主流。

㉚ ディスプレイ広告
Display Advertising

広告枠に表示させる各種広告

解説 Webサイトやアプリ上の広告枠に表示される画像や動画の広告。バナーを使って表示するものが多いため、バナー広告と呼ばれることもある。

㉛ ネイティブ広告
Native Advertising

媒体社のコンテンツと一体化した広告

解説 メディアのコンテンツと同じ体裁で掲載する広告、いわゆる記事広告。コンテンツの中に広告をなじませる手法。

㉜ ランディングページ
Landing Page

ユーザーが最初にアクセスしたページ

解説 インターネット広告をクリックし、次に表示される最初のページのこと。広告ページの受け皿の役割を担う。略してLPともいう。

㉝ リーチ
Reach

広告の到達度

解説 ユーザーが一定期間に特定のサイトやバナーに接触した実数。広告の場合、どのくらいの人に広告が届いたかを測るために用いる数値。

㉞ リターゲティング広告
Retargeting Advertising

一度サイトやアプリに来たユーザーをターゲティング

解説 特定のWebサイトやアプリを訪れたことがあるユーザーを対象に、その訪問履歴をもとに追跡を行い、再度広告を表示するターゲティングの手法の一つ。

広告

広告媒体資料一覧

インターネット広告には、さまざまな種類があります。ここでは、その主だったものをご紹介します。最後にそれぞれの動画媒体の仕様も一部掲載していますので、今後の参考になさってください。

Google

Google ディスプレイネットワーク (GDN)

Googleディスプレイネットワークでは、
適切なユーザーにアプローチすることが可能です。

■メディアルール

クリック課金　視認可能な表示課金

■掲載面（ネットワーク）一例

Google AdSense　Gmail　nanapi　mixi　価格.com
Blogger　YouTube　Ameba　cookpad　教えて!goo
AdMob by Google　DoubleClick　excite　livedoor　日刊スポーツ

■ターゲティング

性別/年代/エリア/時間帯/子供/収入 etc
興味/関心　トピック　キーワード
プレースメント　リマーケティング　類似拡張　等

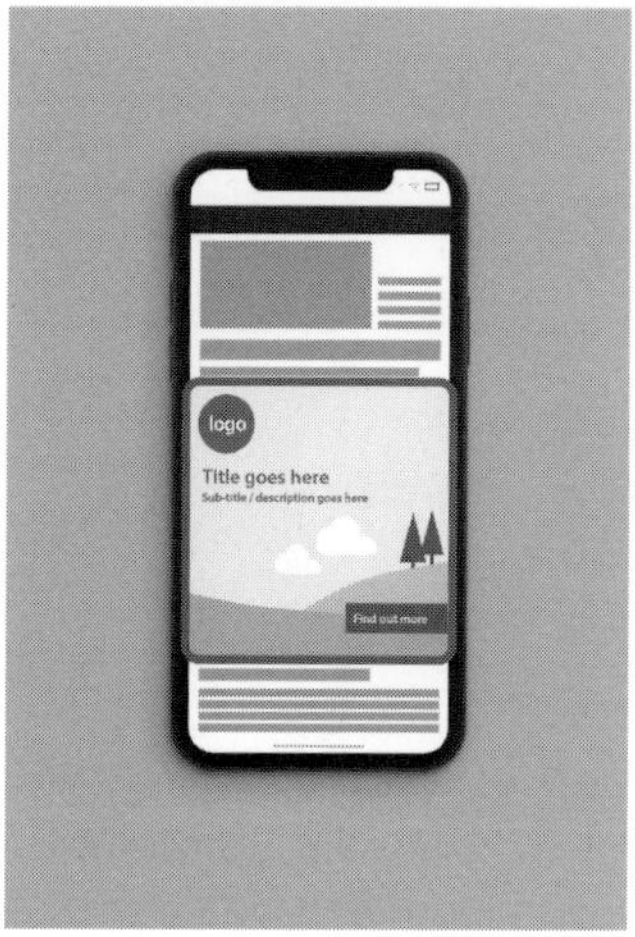

YAHOO! JAPAN

Yahoo! ディスプレイ広告 (旧YDN)

YDNがリニューアルしYahoo!ディスプレイ広告となりました。
適切な広告の目的を設定することで高いパフォーマンスを発揮し
適切なターゲットにアプローチすることが可能です。

■キャンペーンの目的

サイト誘導　動画再生　アプリ訴求　コンバージョン　商品リスト訴求　ブランド認知

■掲載面（ネットワーク）一例

YAHOO!ニュース　ヤフオク!　みんカラ　NAVER　AllAbout
Sportsnavi　YAHOO!天気・災害　cookpad　R25.jp　So-net
GYAO!　carview　食べログ　Mapion　excite

■ターゲティング

性別/年代/エリア/時間帯
興味/関心　トピック　キーワード
プレースメント　リマーケティング　類似拡張　等

Appendix:広告タイプ一覧

キャンペーン目的ごとに設定できる、広告タイプと課金方法は下記となります。

	広告タイプ						課金方法
	テキスト	バナー（画像）	バナー（動画）	レスポンシブ（画像）	レスポンシブ（動画）	動的ディスプレイ	
キャンペーン目的 サイト誘導	●	●	●	●	●	—	クリック
動画再生	—	—	●	—	●	—	10秒再生
アプリ訴求	●	●	—	●	●	—	クリック
コンバージョン	●	●	●	●	●	—	クリック
商品リスト訴求	—	—	—	—	—	●	クリック
ブランド認知	—	●	●	—	—	—	ビューアブルインプレッション

YouTube
TrueView
インストリーム

YouTube動画が始まる前に流れる動画広告。
視聴者数が多く、あらゆる年代に観られているため、
デジタル上でのTV-CMのような使い方ができるメディアです。

■メディアルール

- 最大∞秒 3分以内を推奨
- 5秒でスキップ
- 視聴課金 30秒以上/最後まで視聴orクリックで課金
- 音声あり

■ターゲティング

- 性別/年代/エリア/時間帯/子供/収入 etc
- 興味/関心
- トピック
- キーワード
- プレースメント
- リマーケティング
- 類似拡張

等

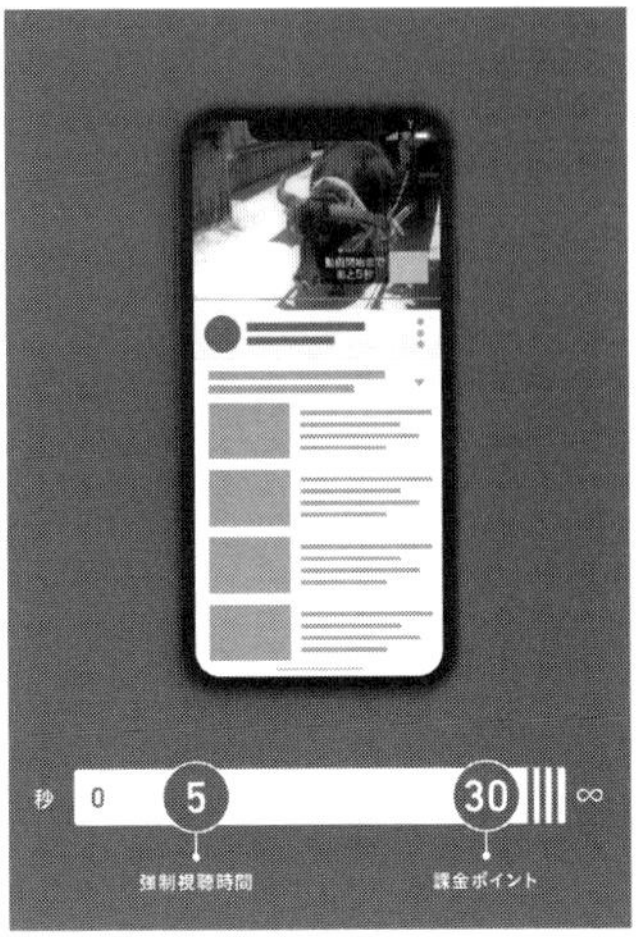

YouTube
Bumper Ad

YouTube動画が始まる前に流れる、短尺の認知特化型広告。
表示単価が約0.6～0.8円なので、安価に大量のユーザーに
リーチすることが可能なメディアです。

■メディアルール

- 最大6秒 実質5.8秒
- スキップ不可
- 表示課金
- 音声あり

■ターゲティング

- 性別/年代/エリア/時間帯/子供/収入 etc
- 興味/関心
- トピック
- キーワード
- プレースメント
- リマーケティング
- 類似拡張

等

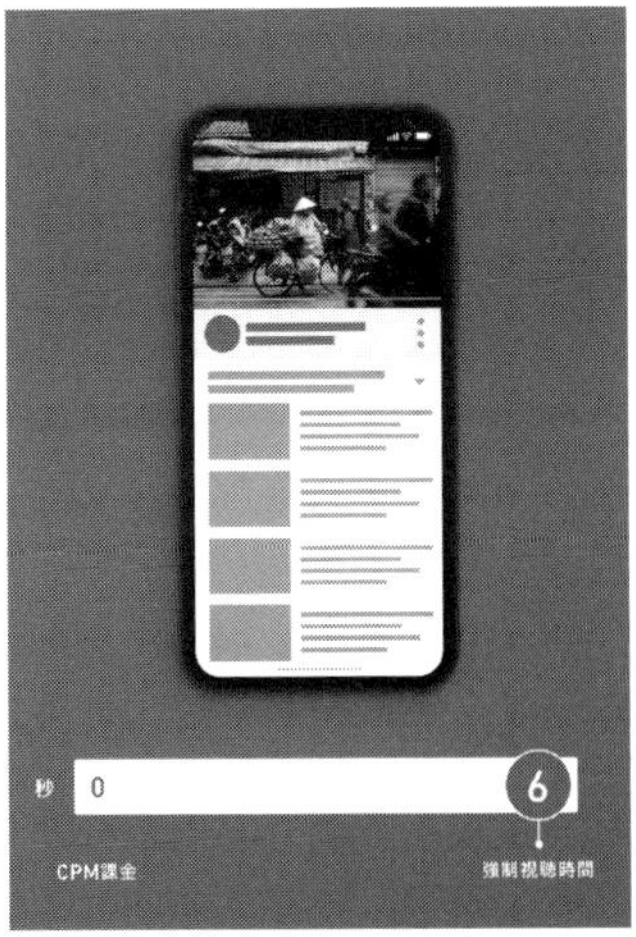

Link Ad
静止画・動画

Instagramのフィード上で配信される、
サイトのトラフィックを目的とした広告。
アカウントに基づくターゲティングが可能。
特に動画形式は認知・検討までカバーできます。

■メディアルール

静止画
20%ルールあり
※画像の20%以上をテキストが占めていた場合、配信量が少なくなる or 配信されなくなります

動画 フィード上で自動再生	動画 自動再生時 音声なし

※動画 or 音声マークタップで音声再生/キャプション推奨

■ターゲティング

ユーザー情報(性別/年代/エリア/子供/収入 etc)	
興味/関心	ライフイベント(引越・結婚 etc)
カスタムオーディエンス(リタゲ等)	類似オーディエンス

等

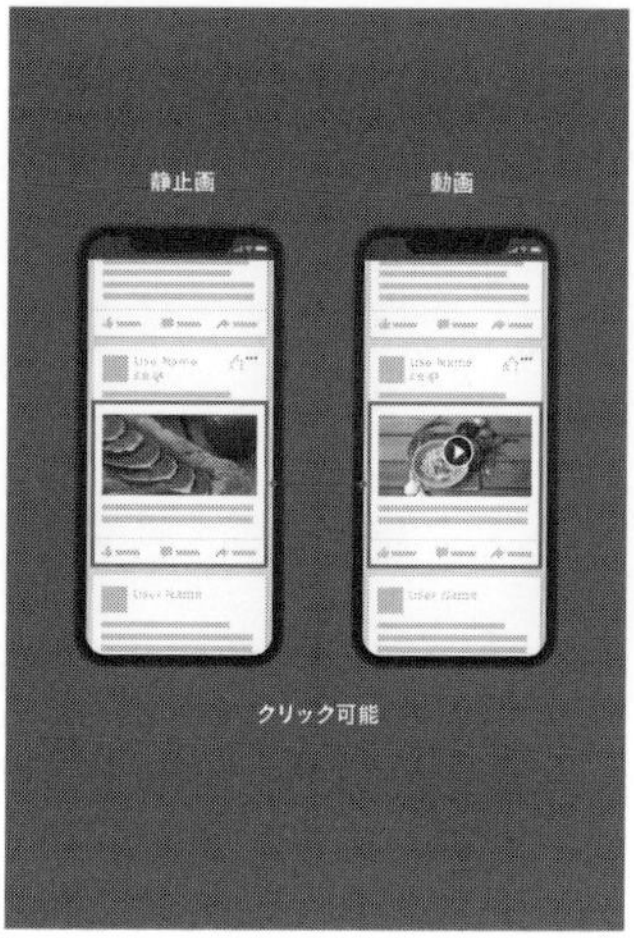

Video Ad
動画

Instagramのフィード上で自動再生される、
動画の視聴をメインとした広告。
アカウントに基づくターゲティングが利用可能で、
特にブランディングをメインとしたメニューです。。

■メディアルール

フィード上で自動再生	自動再生時 音声なし ※動画 or 音声マークタップで音声再生/キャプション推奨
最大240秒 ※15秒以内を推奨	16:9～9:16

■ターゲティング

ユーザー情報(性別/年代/エリア/子供/収入 etc)	
興味/関心	ライフイベント(引越・結婚 etc)
カスタムオーディエンス(リタゲ等)	類似オーディエンス

等

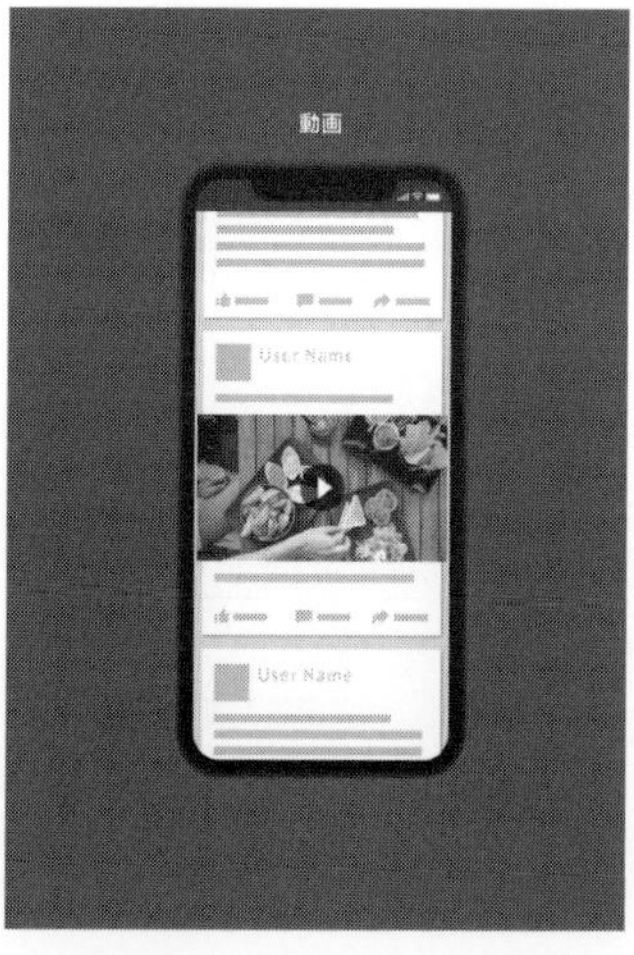

Link Ad

静止画・動画

Instagramのフィード上で配信される、
サイトのトラフィックを目的とした広告。
Facebookの精緻なターゲティングが可能で、
特に若い女性を中心としたブランディングに優れています。

■メディアルール

静止画

20%ルールあり
※画像の20%以上をテキストが占めていた場合、配信量が少なくなる or 配信されなくなります

動画	動画
フィード上で自動再生	自動再生時 音声なし

※動画 or 音声マークタップで音声再生/キャプション推奨

■ターゲティング

ユーザー情報(性別/年代/エリア/子供/収入 etc)	
興味/関心	ライフイベント(引越・結婚 etc)
カスタムオーディエンス(リタゲ等)	類似オーディエンス

等

Video Ad

動画

Instagramのフィード上で自動再生される、
動画の視聴をメインとした広告。
Facebookの精緻なターゲティングが利用可能で、
特に若い女性を中心としたブランディングに優れています。

■メディアルール

フィード上で自動再生	自動再生時 音声なし ※動画 or 音声マークタップで音声再生/キャプション推奨
最大60秒 ※15秒以内を推奨	1.91:1 / 1:1 / 4:5

■ターゲティング

ユーザー情報(性別/年代/エリア/子供/収入 etc)	
興味/関心	ライフイベント(引越・結婚 etc)
カスタムオーディエンス(リタゲ等)	類似オーディエンス

等

Link Ad
カルーセル

Instagramのフィード上で配信される、
サイトのトラフィックを目的とした広告。
複数枚の画像や動画を表示できるフォーマットで、
複数商材の訴求やストーリーを伝えることができます。

■メディアルール

静止画
20%ルールあり
※画像の20%以上をテキストが占めていた場合、配信量が少なくなる or 配信されなくなります

動画
画像・動画毎にリンク先設定が可能

動画
最大10個まで設定

■ターゲティング

ユーザー情報(性別/年代/エリア/子供/収入 etc)

興味/関心

ライフイベント(引越・結婚 etc)

カスタムオーディエンス(リタゲ等)

類似オーディエンス

等

InstagramとFacebookは広告プラットフォームが共通であり、Facebook広告マネージャーから発信され掲載面をFacebookとしたものを便宜上Facebook広告と言い掲載面をInstagramとしたものを便宜上Instagram広告としています。
同じ広告内容でFacebook、Instagram両方に掲載することがデフォルトとなっています。

Link Ad

カルーセル

Instagramのフィード上で配信される、
サイトのトラフィックを目的とした広告。
複数枚の画像や動画を表示できるフォーマットで、
複数商材の訴求やストーリーを伝えることができます。

■メディアルール

静止画

20%ルールあり

※画像の20%以上をテキストが占めていた場合、配信量が少なくなる or 配信されなくなります

動画	動画
フィード上で自動再生	自動再生時 音声なし

※動画 or 音声マークタップで音声再生/キャプション推奨

■ターゲティング

ユーザー情報(性別/年代/エリア/子供/収入 etc)	
興味/関心	ライフイベント(引越・結婚 etc)
カスタムオーディエンス(リタゲ等)	類似オーディエンス

等

ストーリーズ広告

Instagramのストーリー上で挿入される、
縦型フルスクリーン動画広告。
企業目線ではなくユーザー目線で語れるため共感性が高く、
他の広告メニューとは一線を画すものとなっています。

■メディアルール

9:16	CTAボタン
最大15秒	自動再生時 音声なし ※動画 or 音声マークタップで音声再生/キャプション推奨

■ターゲティング

ユーザー情報(性別/年代/エリア/子供/収入 etc)	
興味/関心	ライフイベント(引越・結婚 etc)
カスタムオーディエンス(リタゲ等)	類似オーディエンス

等

プロモツイート

自分のフォロワー以外の人に自分のツイートを出す広告

プロモツイートでリーチを拡大できます。
通常にツイートできるものは、広告でリーチを増やすことができると考えてください。
通常のツイートと同様にタイムラインや検索画面に表示されるので、
ユーザーに自然にリーチしやすいのが特徴です。
オーガニックで投稿済のツイートをそのまま広告に利用することも可能。
また、指定日時に投稿を予約設定し、それを広告に利用することも可能。
広告用のみに利用するツイートを作成することも可能。
※投票は予約投稿ができない仕様となっています。投票のオーガニック投稿を実施後、広告として利用可能です。

■メディアルール

クリック課金 / CPM課金 / エンゲージメント課金

■ターゲティング

地域/性別/デバイス/年齢/キャリア	フォロワー/類似ユーザー
興味／関心	ハンドル名
テイラードオーディエンス(リタゲ等)	キーワード

等

・テキストのみ(通称:プロモテキスト)
・画像付(通称:プロモイメージ)
・動画付(通称:プロモビデオ)
・リンクの画像付(通称:ウエブサイトカード)
・リンクの動画付(通称:ビデオウエブサイトカード)
・投票アンケート付(通称:プロモ投票)

プロモアカウント

Twitterのタイムライン上でフォロワーを集める為の広告。
テキストによるツイートに加えて、
大きく「フォロー」とCTAボタンがついてプロフィールページが
広告クリエーティブページが表示されます。

■メディアルール

フォロワー獲得課金

■ターゲティング

地域/性別/デバイス/年齢/キャリア	フォロワー/類似ユーザー
興味／関心	ハンドル名
テイラードオーディエンス(リタゲ等)	キーワード

等

プロフィール画像が自動で入り、
フォローボタンが追加されます。

LINE 広告
動画 / 静止画

LINEのタイムライン等で配信される動画or静止画広告。
あらゆる年代が使うコミュニケーションプラットフォームであり、
若年層はもちろん、幅広いユーザーへリーチが可能です。

■メディアルール

フィード上自動再生 / 自動再生時音声なし / 5~120秒

■ターゲティング

性別/年齢/エリア/デバイス

類似ユーザー
CVユーザーと広告識別子が対象

興味/関心
18種類

リターゲティング / 逆リターゲティング

等

LINE 広告
友だち追加広告

LINEのタイムライン上で配信される静止画広告。
LINEの友だちを獲得することに特化した広告で、
友だちになって初めて課金されるため
費用対効果が良いメニューとなっています。

■メディアルール

友だち追加課金 / 静止画のみ 1080×1080px 1200×628px 2種類対応

■ターゲティング

性別/年齢/エリア/デバイス

類似ユーザー
CVユーザーと広告識別子が対象

興味/関心
18種類

リターゲティング / 逆リターゲティング

等

●Facebook (Instagram)

テキスト(動画とは別に入稿)	メインテキスト：半角125文字以内※125文字以上の認められますが表示が途中で切れる可能性があります。
動画仕様	ほとんどのファイルタイプに対応しています。ただし、推奨されるのは、H.264圧縮方式、正方画素、固定フレームレート、プログレッシブスキャン、および128kbps以上のステレオAACオーディオ圧縮です。ソースのアスペクト比16:9〜9:16 動画の長さ：240分以内 音声：任意 横型16:9・正方形1:1・縦型4:5・フル縦型9:16 主流は1:1 アスペクト比4:5を超える縦型の画像は、アスペクト比4:5にマスクされる場合があります。
容量上限	最大4GB
尺	動画の長さ(最短)：1秒 動画の長さ(最長)：240分
ファイル形式	主流はMP4
詳細	https://www.facebook.com/business/ads-guide/image

● YouTube

テキスト（動画とは別に入稿）	広告のみの場合は不要
動画仕様	音声コーデック：AAC-LC チャンネル：ステレオまたはステレオ+5.1 サンプルレート：96khzまたは48khz 動画コーデック：H.264 プログレッシブスキャン（インターレースは不可） ハイプロファイル 2連続Bフレーム クローズドGOP（フレームレートが半分のGOP） CABAC 可変ビットレート。ビットレートの上限はありませんが、下記の推奨ビットレートを参考にしてください。 クロマサブサンプリング：4：2：0 フレームレート コンテンツは、記録したときと同じフレームレートでエンコードしてアップロードする必要があります。 一般的なフレームレートは24、25、30、48、50、60fps（1秒あたりのフレーム数）ですが、それ以外のフレームレートも使用できます。 インターレース方式のコンテンツは、アップロードする前にインターレースを解除する必要があります。たとえば1080i60のコンテンツの場合、アップロードする前にインターレースを解除して1080p30に変換する必要があります。つまり、1秒あたりのフィールド数が60のインターレース方式を1秒あたりのフレーム数が30のプログレッシブ方式に変換します。
容量上限	128GBまたは12時間のいずれか小さい方です。
尺	128GBまたは12時間のいずれか小さい方です。
ファイル形式	MOV　MPEG4　MP4　AVI　WMV MPEGPS　FLV　3GPP　WebM　DNxHR ProRes　CineForm　HEVC（h265）
詳細	https://support.google.com/youtube/answer/1722171

●Twitter

テキスト （動画とは 別に入稿）	ツイート本文：半角280文字。23文字分はリンクに使われるため、ツイート本文に使える文字数は257文字です（日本語で12文字分はリンクに使われるため、ツイート本文に使える文字数は128文字です）。
動画仕様	推奨動画ビットレート：1080pの動画で6,000k〜10,000k（6,000kを推奨） 720pの動画で5,000k〜8,000k（5,000kを推奨） 推奨フレームレート：29.97FPSまたは30FPS。推奨フレームレート以上のFPSでも問題ありません。動画のフレームレートがこれより低い場合、「アップサンプリング」はしないでください。 推奨オーディオコーデック：AAC LC（ローコンプレキシティ） 推奨動画コーデック：4：2：0の色空間に対応する、h264、ベースライン、メイン、またはハイプロファイル 動画縦横比：1：1を推奨（デスクトップとモバイル端末では、動画はタイムラインやプロフィール上で常に正方形にレンダリングされるため）。 9：16（垂直）の表示領域は1：1と等しく、16：9より広くなります。 タップすると全画面表示になり、上下に黒枠が入ります。 縦横比は2：1〜1：1の間であれば問題ありませんが、1：1を超えるとプラットフォーム上で縦横比1：1にトリミングされます。 デスクトップとモバイル端末では、9：16（垂直）の動画はタイムラインやプロフィール上で常に1：1にレンダリングされます。 デスクトップでは、動画の再生が始まると黒枠が左右に表示されます。 モバイル端末では、動画の上下がトリミングされ、画面の中心で、枠なしで自動再生されます。 推奨サイズ：1200x1200（1：1の場合、最小は600x600） 縦のサイズは無制限ですが、縦が横より大きい場合は縦横比が1：1になるように動画がトリミングされます。 1：1以外の場合：最小サイズは640x360
容量上限	最大1GB
尺	動画の長さ：15秒以下を推奨。最大2分20秒。一部の広告主様は、最長10分までの延長を申請可能。
ファイル形式	MP4またはMOV
詳細	https：//business.twitter.com/ja/help/campaign-setup/advertiser-card-specifications.html

参考文献

「令和元年度情報通信メディアの利用時間と情報行動に関する調査報告書」（令和２年９月　総務省情報通信政策研究所）
株式会社電通「2019年　日本の広告費」（令和２年）
「コトラーのマーケティング4.0 スマートフォン時代の究極法則」（著／フィリップ・コトラー、ヘルマン・カルタジャヤ、イワン・セティアワン、監修・恩藏直人、翻訳／藤井清美）朝日新聞出版

プロフィール

山口 ユウジ（やまぐち・ゆうじ）

株式会社オンワード樫山でマーチャンダイザーを経験後、2003年株式会社電通西日本に入社。大手移動体通信などの担当営業経験後、株式会社電通ダイレクトマーケティングビジネス局に出向、帰任後、デジタルマーケティング担当として、数々の案件を成功に導く。2019年4月に独立し、デジタルマーケティングイノベーションラボ株式会社を設立。インターネット広告の運用やCRM、SNSに関するコンサルティングを行う。現在、デジタルマーケティングの第一人者として、広島を拠点にしながらも東京や中国四国の多くの案件をサポート中。

専門知識ゼロの私に
デジタルマーケティングのこと、教えてくれませんか?

2021年3月1日　　第1刷発行

著　者　　山口ユウジ

発行者　　田中朋博

発行所　　株式会社ザメディアジョン
〒733-0011　広島市西区横川町2-5-15 横川ビルディング
TEL.082-503-5035　FAX.082-503-5036
http;//www.mediasion.co.jp

ブックデザイン・イラスト　村田洋子
企画・編集　浅井千春
編集協力　株式会社レゴファ、沖花大畠弁護士事務所
校正・校閲　菊澤昇吾

印刷・製本　株式会社シナノパブリッシングプレス

ISBN978-4-86250-701-3